从菜鸟到专业

萌新记者成长手册

谭峰 ◎ 著

人民日报出版社

北京

图书在版编目（CIP）数据

从菜鸟到专业：萌新记者成长手册 / 谭峰著. —北京：人民日报出版社，2020.7

ISBN 978-7-5115-6443-6

Ⅰ.①从… Ⅱ.①谭… Ⅲ.①新闻采访－手册 Ⅳ.①G212.1-62

中国版本图书馆CIP数据核字（2020）第114409号

书　　名：	从菜鸟到专业：萌新记者成长手册	
	CONG CAINIAO DAO ZHUANYE：MENGXIN JIZHE CHENGZHANG SHOUCE	
著　　者：	谭　峰	
出 版 人：	刘华新	
责任编辑：	林　薇　陈　佳	
封面设计：	李尘工作室	
出版发行：	人民日报出版社	
社　　址：	北京金台西路2号	
邮政编码：	100733	
发行热线：	（010）65369527　65369846　65369509　65369510	
邮购热线：	（010）65369530　65363527	
编辑热线：	（010）65369514	
网　　址：	www.peopledailypress.com	
经　　销：	新华书店	
印　　刷：	北京朝阳印刷厂有限责任公司	
开　　本：	710mm×1000mm　1/16	
字　　数：	158千字	
印　　张：	13	
印　　次：	2020年7月第1版　2020年7月第1次印刷	
书　　号：	ISBN 978-7-5115-6443-6	
定　　价：	39.80元	

带上此书上路

谭峰兄嘱我为他的新著《从菜鸟到专业：萌新记者成长手册》作序，深恐资历和能力不逮，给其大著减分，但又盛情难却，于是不揣浅陋，分享一点心得。

作为从事近二十年新闻传播教育和研究的教师和学者，我一直把自己喻为"两栖动物"，一只脚踏在学界，另一只脚伸到业界，时常穿梭其间，深深体验到二者的通与隔，和新闻传播教育行业的艰辛与尴尬。如果把新闻学与哲学、历史学、政治学、经济学等学科进行比较，不难发现，不同学科与对应职业之间的亲疏关系存在差异：哲学、历史学相对纯粹和"厌世"，社会系统里没有明确的行业与之对应，不存在学科和职业之间的密切关联。经济学和政治学的专业共同体发育相对成熟，其专业知识生产的自主性和理论自觉相对完善一些，它们与实践之间的区隔和互动也是良性的：该区隔的，就"楚河汉界"分得很清楚；该互动的，即彼此"搀扶"。特别是经济学，知识的纯度和理论的自觉更明显。

而新闻学，从其本源上看，就具有先天的职业依附性。新闻学的知识生产带有鲜明的职业"胎记"。新闻学从诞生之日起，就与相对应的职业存在密切关联。新闻学专业合法性的一个重要来源在于新闻业的需要。后来，新闻学"上岸"之后，在知识生产和理论

自觉上越走越远。如今，对学术生产专业化的强调，使得新闻学界把重心放在了学科和学术上，以至于怠慢了职业教育这一套。要让一套人马同时做好学术和业务两件事，难度甚大。于是乎，在新闻学界就配备了两套人马：一套人马拼学术指标，另一套人马应对业界的需求，但是，二者很难平衡，不少新闻院系宁愿取其一，特别是在当前学术评估权重更大的语境下，多数新闻院系把人力物力集中在学术指标上，这就轻慢了业务教育。至于让新闻学者个人同时兼顾学术和业务，更是难上加难了。

传统的新闻传播教育目标是为机构和媒体培养人才，新闻媒体对他们需要什么样的人以及这些人应具备何种能力，是有明确预期的。业界有明确的预期，学界就朝着这个预期目标培养。随着互联网的全面崛起，新媒体技术引爆了一场"哥白尼式革命"，全面颠覆了传统媒体生态，深度改写了传统新闻传播教育和作业规程，使得新闻传播教育与新闻传播业态的鸿沟空前拉大。整个新闻传播业态釜底抽薪大洗牌，系统不确定性骤然升级。业界精英在深水区作业，风险如影随形，稍有不慎，就可能被拍在沙滩上。每一位深水区泅渡者，都有朝不保夕的恐惧。新媒体丛林弱肉强食，适者生存。行业竞争如此惨烈，对人才的需求也十分焦灼。新闻教育界遭遇无边的挑战和空前的焦虑，陷入巨大的不确定性的黑洞中，无论是新闻学界还是新闻业界，每个人都成了在转盘上焦虑奔跑的仓鼠。

在这个忙乱和焦虑的时代，新闻业界和新闻学界何以自处？何去何从？这是一个巨大的时代之问。前不久，跟著名媒体人白岩松交流，他的一个观点我深有同感。他说，面对新媒体大潮的冲击，我们新闻教育行业并没有教给学生长久受用的核心力量。我们总是追逐那些浮在时代海面上的前浪，盯着那些各领风骚三五年的新潮东西，忽视学生的基础能力和价值观教育，而这些才是他们能在职业道路上走得更远的硬核能力。不管是在4G、5G还是NG时代，硬核能力仍是新闻人的刚需。在鼠标和拇指时代，我们习惯了在网上看风景，漫游世界，似乎脚下功夫和笔头功夫显得不怎么重要了。对于新闻传播专业的学生来说，采写是硬核功夫，必须坚持，同样，数据管理能力、核真能力、评论和表达能力也都是硬核功夫。不管媒介技术迭代到什么境地，上述能力是基本盘，百年不变。

阅读谭峰先生的书稿，我发自内心欢喜。首先让我感动的是，作者不是为了写书而写书的，在无感写作和口水写作盛行的当下，倾心、倾情写作者甚少。谭峰居然能断然退掉机票，取消年假行程，专注于写作——这种激情写作，需要有强大的内生动力支撑。诚如他所言："写作是一种残忍的抗拒。"无情的抗拒让生活变得单调，却也给了他一种与众不同的生活体验：专心当一名作家，体验创作者的"心跳"。此书不是严格意义上的教科书，没有庞杂的体系和条条框框，它是鲜活的、有趣的。它可能不那么完美，但能让你触摸到一个"有质感"的采访。它不求面面俱到，但求小而美。此书，作者扎硬寨，打笨仗，用本色的语言和硬核的经验，直抵新闻内核。谭峰说，采访的本质就是"接地气"。深以为然。采访不是花拳绣腿，不是交际勾兑，它是对一种不确定性的拆除，是对未知的解密，是对"多重受众"的洞察，更是对真相的逼近和抵达。而这些训练，都是我们新闻学教育中压箱底的功夫，也是新闻从业者不能丢的护身之术。

复旦大学新闻学院执行院长　张涛甫

萌新
┆
┆
成长

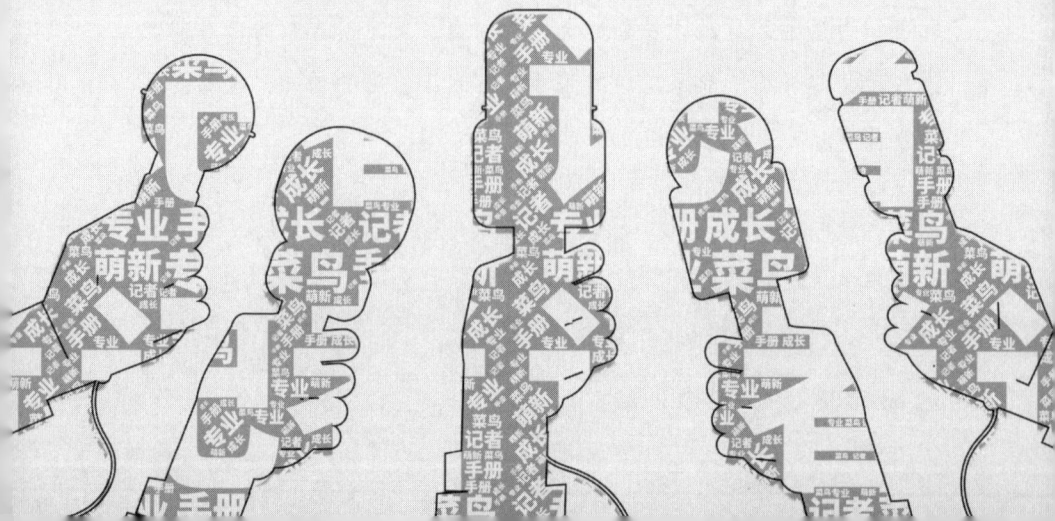

自序
perface

2017年夏天，我写好年假申请单，买好北京飞往巴黎的机票，准备在"浪漫之都"享受一个特别的假期。这一年的7月7日，正好是我在人民日报社人民论坛杂志工作整三年的纪念日，我想用射手座特有的方式——旅行，给自己一个难忘的回忆。恰好此时，一个刚踏入媒体行业的萌新，向我这个"职场老人"来电询问——从如何找合适的采访对象到如何提出"好问题"，从采访时的着装到采访可能遇到的点点滴滴，我们无话不谈，持续了五个多小时，直到对方手机关机，对话才"草草"收场。挂掉电话我就在想：为何不把这几年的采访经验用文字记录下来呢？一来给自己留一个美好的纪念；二来用自己的亲身经历揭露采访看似神秘的面纱。何乐而不为呢？

年假批下来了，从北京到巴黎，时间绰绰有余。但就在那个炽热的夏天，我做了一个决定：放下行李箱，退掉机票，利用年假来当一名"作家"，体验"创作者"的"心跳"。当撇开工作上的繁杂事务后，专心坐在家里搞创作，一发不可收，在度过一个不长不短的"黄金假期"之后，我竟神奇地将一本书的模样完整地呈现了出来。回想写书的过程，新鲜和乏味交织并呈。说新鲜，从框架构思到遣词造句，都让我体会到一种前所未有的成就感。说乏味，在写作过程中，我既不能"开小差"，也不能有丝毫懈怠，并且要保

持一种文思泉涌的创作思维,还须耐得住寂寞。

忘掉巴黎的浪漫、忘掉夏天的激情、忘掉碧波荡漾的游泳池——写作是一种残忍的抗拒。无情的抗拒让生活变得单调,却也给了我一个与众不同的生活体验。那个时候,我不记得一天能写多少字,但依稀记得一杯茶从香气沸腾到淡然无味的全过程。这滚烫的开水泡的哪里是茶,分明是无情流淌的时光,是有些小心翼翼的克制。直到一章一节的雏形渐显,我方觉得这样的寂寞是有价值的。这种安然,就像一杯泡好的茶——有时品的不是茶本身的味道,而是背后所蕴藏的时间、凝结的"辛酸"和累积的故事。

这本"处女作"即将出版。如果它是一杯沏好的茶,当我端到读者面前时,味道好坏须由时间来检验。但我并不紧张,也不焦虑,因为我享受了写作的时光,感受到了创作的热忱。这不是一本无所不包的"教科书",而是一本萃取了我采访中如烟往事的"故事书",是一本看似包罗万象却又有所专注的"专业书"。它记录了我作为媒体人一路走来的痴狂、寂寞、冲动、无力和风尘仆仆。我感谢这个夏天。

对于采访,一万个人有一万种理解。采访并不是现代新闻的产物,广义的采访和人类相伴相生。氏族社区第一个捕捉到猎物的原始人,会面临他人的首次"采访",人们需要从其口中得知一些抓捕猎物的"小贴士";进京赶考的各路"书生",在金榜题名返乡后,也会被那些"迷弟""迷妹"团团围住,被他们抛出的各种问题包围。由此,"问与答"的简单框架在人类文明的发展中无形地构成了采访的基本逻辑——采访就是"问与答"的艺术。"问与答"只是采访的形式,采访这一劳动实践则体现出人类消除不确定性的生活习性和存在方式,从而排除一个个知识盲区。新闻传播学层面上的采访,则延续和完善了人类认识世界的认知体系和改造世界的思维体系，展现出人类信息交换、意义阐释、文化传承的需求和野心。

采访的底色是怎样的？采访是严肃认真的，要在一种对等、客观的气氛中，捕捉到受访者的"深意"，将信息的阐释和延伸做到极致；采访也可以是俏皮、灵动的，不苟言笑的采访不能算作一种完美的艺术。采访既是工作，需要技术层面上的突破；采访也是艺术，要求记者具备综合性的能力——既要严谨认真，也要活泼诙谐，如何把握这种度要根据不同的情境，采访的不确定性也就由此而来。

不论时代如何变迁，采访已融入人类社会发展的洪流中，无论是新媒体时代的"新新人类"，还是传统媒体的"传媒精英"，上至新闻理想，下至采访细节，都有一些要共同面对的问题。在本书中，我以亲身经历和观察体悟，和大家分享这些要共同面对和亟须解决的问题。对于有志于新闻事业的"萌新"来说，这本书是一个窗口、一个阵地、一个百草园、一个欢乐谷。这里的一草一木、一山一水，都能折射出一位"职场老人"的心路历程。

这是一本集分享会、交流会、教科书于一体的"宝典"。它不是严格意义上的教科书，没有庞杂的体系和条条框框，它是鲜活的、有趣的。它也可能不那么完美，但能让你触摸到一个"有质感"的采访。它不求面面俱到，但求小而精致。

此时的我，早已告别了没有花都巴黎的寂寞。在没有旅行填充的荒芜时光中，我学会了梳理走过的路程，扬帆远行。放弃一个地理意义上的跋山涉水，让心灵适度远行，两种选择，都是旅行，都有意义。愿这本书能开启一段属于你的奇幻之旅——有关采访、有关坚持、有关梦想。

2018年10月11日　北京

萌新
———
成长

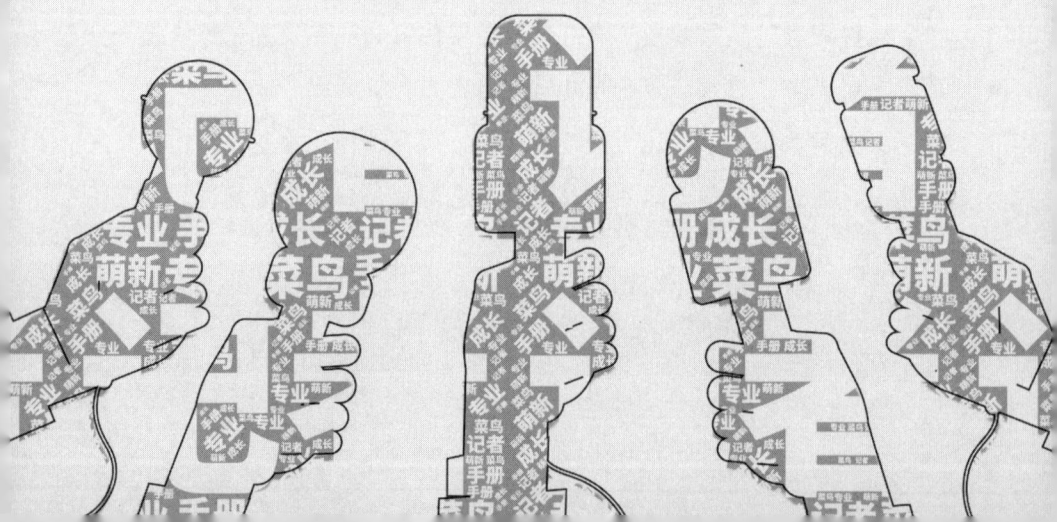

一 揭开采访的神秘面纱

采访的基本任务 / 002

采访怎样才能更"接地气" / 003

何为多重受众 / 004

采访的开放性和对等性 / 005

理智看待名人和明星 / 006

该理性还是感性 / 008

细节的魔力 / 008

二 记者的积淀

修炼内功的"三大法宝" / 014

记者的修养=有形积淀+无形积淀 / 016

获取他人经验,也是一个不容忽略的积淀 / 023

三 好的开始,是成功的一半

用"文艺青年"的杠杆,撬动记者这一行当 / 028

跻身媒体圈的"捷径" / 030

激情有余、专业不足的记者,是个"假记者" / 032

好文笔,要有"新"和"奇"的大思路 / 034

四 采访的必备秘籍

针对采访对象，调整采访计划 / 040

联系"目标嘉宾"的"妙招"："以小见大" / 042

采访主题确立的两个思路："人"和"事" / 046

采访中遇突发状况，记者如何从容"控场" / 048

五 提问的艺术

问题好不好，要拿到现场去检验 / 053

如何避免提出"坏"问题 / 061

六 采访过程中的忌讳

采访前的准备，怎么确保万无一失 / 068

采访中容易忽略的细节 / 072

采访的后续阶段，切忌上演"虎头蛇尾"的悲剧 / 078

七 采访后，记录下自己的收获

受访者的意见、相关领导的建议，一个都不能少 / 086

记者应秉持怎样的价值取向 / 088

记者要有一双发现问题的眼睛 / 091

优秀记者，要从哪些细微处入手 / 093

目 录

八 从"台前"到"幕后"

如何整理采访稿 / 097

四大"秘籍",让采访的幕后工作更完美 / 099

如何将一问一答的采访录音,整理成一篇美文 / 100

九 访谈类采访的门道

学会隐藏观点和立场 / 107

营造一个好的"开场白" / 109

不同话题衔接的技术与艺术 / 116

如何让你的访谈"不冷场" / 121

十 朋友遍天下

记者,为什么要交朋友 / 126

抵制诱惑,学会克制 / 135

勿在"名利圈"中迷失自己 / 136

十一 离开平台,你是谁

"大记者"的大作为 / 141

记者圈里的"文人相轻"现象 / 149

记者,是一个"低门槛"的职业吗? / 150

记者的未来在何方 / 152

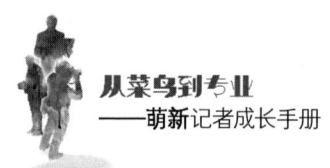

十二 采访现场小记

儒家思想的现代价值
　　——专访北京师范大学教授于丹 / 155

"崛起困境"与中国外交新特征
　　——专访清华大学国际关系研究院院长阎学通 / 162

巴西,"多元文化和种族让我们自豪"
　　——专访巴西驻华大使馆代办若昂·勒梅
　　　（João Marcos Paes Leme）/ 166

既不要沦为市场的奴隶,也不要成为市场的敌人
　　——专访作家郭敬明 / 168

从"加法"到"减法",勇于做自己
　　——杨澜现场采访手记 / 172

我有梦想,所以我存在
　　——专访国足前锋于大宝 / 176

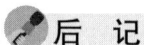 后　记

菜鸟 ------ 专业

萌新

成长

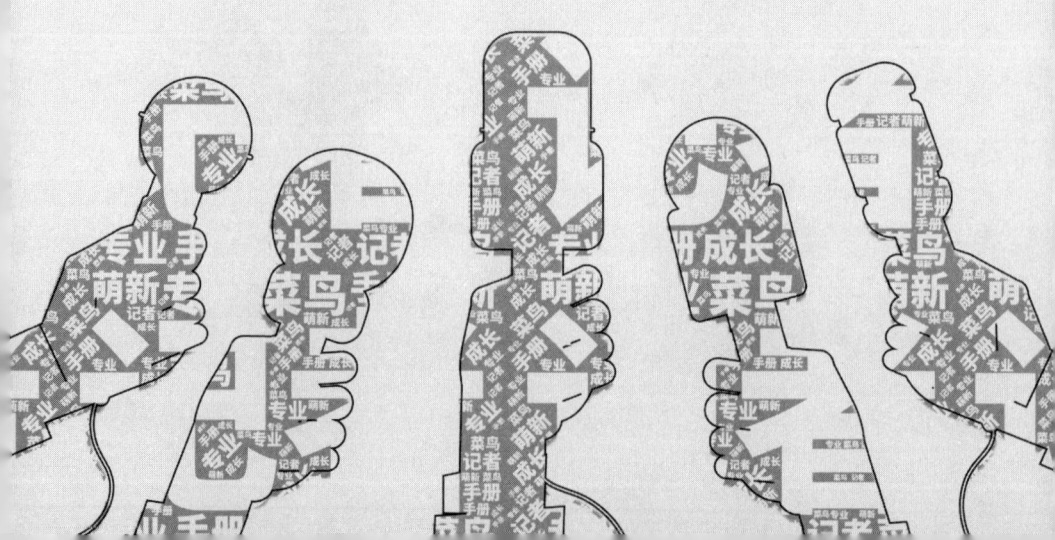

揭开采访的神秘面纱

在一些聚会上,当一些陌生朋友知道我的职业是记者时,往往会投来羡慕的眼光。在他们看来,记者应该是见识过各种大场面的"佼佼者",可以和业界翘楚谈笑风生。在他们眼里,记者被赋予了一种超越平凡生活的光鲜亮丽的职业符号。

必须承认,相比其他职业,记者似乎是一个权利大于义务的标签,他们头顶光环,天生就和默默无闻无缘。造成这样一种"大众偏见"的原因有很多:记者的使命就是信息高地的"瞭望者",尤其在分工精细的信息时代,大众被包围在谣言、谎言、流言的困局中,这需要记者能以更专业的角度,去伪存真、抽丝剥茧,还原出繁杂信息的真实状态。在这种迫切需求的驱使下,记者要具备冲破常规日程的魄力,冲到新闻阵地的前线。自此,记者不再是大众习以为常的自带光环的享有者,他们还要具备能够服众的专业素养。

记者这个职业,重要的素养要求有很多,比如新闻敏感度,比如政治觉悟、大局意识,比如写作功力和察言观色的素质,最能

综合表现记者能力的是采访。一个采访功力不够的记者,不管他如何使尽浑身解数,也无法成为一个优秀的职业记者,无法让众人信服。一个记者做采访,就像一名医生做手术、一个律师打官司,对记者的"功成名就"具有专属性的决定性和鉴别力。

采访的基本任务

对于未涉足媒体圈的朋友而言,采访某某名人,似乎是少数人拥有的权利,是一种形式大于内容的"行为艺术",和普通大众没有切实的利益关切。这是一种偏见,也是一种误解。其实,真正的采访,既包括采访名人、明星,以制造某种轰动性效应,赚够大众的眼球;还应包括对生活中默默无闻的"小人物"进行某种信息的采集和调查,以尽可能还原事实真相。可以说,通信技术的发展,摄像机、聚光灯等设备的广泛兴起和运用,让采访逐渐成为一种"围观"行为,充满"高大上"的色调。但采访的本质是"接地气",它首先是一种信息的采集,是对一种不确定性的排除,即采访前的一些疑问,是否能够在采访汇总时得到尽可能的排除。

我刚踏入记者行业时,采访了清华大学的一位教授,当被问到中国外交现阶段正面临哪些重大变化和挑战时,那位教授一时兴起,专注于一点,兴之所至,滔滔不绝。我当时突然想到,虽说教授谈得非常到位,但只谈这么一点,难免有些以偏盖全。因此,我继续追问道:"您刚才说得很到位。我还想知道,除了您刚才讲的这点之外,我国外交的变化和挑战还表现在哪些方面呢?"这位教授立马明白了我的意思,又开始顺着我的追问,一点点地给出答案。采访过后,我意识到,无论采访谁,都应在采访结束后问问自己:之前存疑之处,是否找到了合适的答案?

采访怎样才能更"接地气"

如果一个采访排除最初的疑问，可以打60分的话，那么一个完美的采访还应包括意义的阐释、观点的碰撞。采访中的问与答，在使信息得到分享的同时，也加大了信息高速公路上形形色色"信息车辆"相互碰撞，甚至相互冲突的风险。所以，采访不仅要让大众知道这个世界发生了什么，还要给他们一个观点，一颗"定心丸"，让他们知道这些新闻背后，究竟有哪些实在的意义。

这也使采访走下"神坛"，记者也随之从提供问题的使者，摇身转变为附有解读义务的科普者。个性鲜明的观点诠释，让采访这一活动脱去神秘的外衣，逐渐飞入寻常百姓家。这时的采访，脱离了不同行业信息所固有的专业性和隔离性，开始揭示出人们共同经历的东西，人们能够很轻松地从中找到与之"重叠的体验"。这些和大众发生了实质联系的采访，成为其功用性的一个大体现。

2016年国际社会有个重磅新闻——英国脱欧。当时很多主流媒体都试图从欧洲的历史、英国与欧洲的关系等角度，进行360度无死角的梳理。这样的梳理固然可以还原一个信息高度清晰的图景，却仍然无法给大众一颗"定心丸"，无法消解大众对于这一离自己生活很远的新闻事件的疑虑。基于此，我当时在采访专家学者时，就侧重挖掘他们对一些大众共同关注问题的真知灼见，而非对此事件的一个专业却生涩的梳理和盘点。比如，我设计了一些问题：英国脱欧，会不会让欧洲成为另外一种模样？英国脱欧之后，全球化的趋势是否会回落，而这会给正在平稳发展的中国带来哪些不确定性？这些问题，从英国脱欧本身的新闻性描述中跳脱出来，凝练为一些大众普遍关心的话题和观点，诠释了符号背后的意义。这样的

采访思路,得到了受访者的广泛认同,他们可以从这样的深度对话中获得一定的启发。重要的是,这样的采访思路,让中国大众与远隔千山万水的英国及欧洲,产生了一种更亲近、更真实的关系。

何为多重受众

所谓多重受众,是指信息采集这一行为指向的对象不是一元性的,而是具有异质性、多元性的特点。比如,中央电视台五套的受众,是那些喜欢体育或和体育有关的人群;《环球时报》不管怎么改版、增设自媒体等内容,它的定位还是"放眼全球",所服务的受众还是集中在那些关心国际时事或者从事国际方面工作的人员。而采访这一活动所针对的受众,就显得没那么简单。

采访针对的受众应该是受访嘉宾,不管这个嘉宾是一个人,还是多个人。记者采访前首先要做的功课是了解这个嘉宾近期有关的新闻,以及他们这个群体所关心的热点话题。这是采访的前奏,也是最为基础的功课。但光是满足受访嘉宾的需求,恐怕还不算一个完整的采访。采访,毕竟不是给受访嘉宾做广告,否则它将变相地沦为"有偿新闻"。比如,我采访过杨澜、于丹、郭敬明等活跃在文化界的人物。在设计问题或是在现场互动的时候,我也要考虑到非文化界人士对近期文化热点的观感是什么,以便能让我的访谈带给他们一种"重叠的体验",唤醒他们对陌生领域的关注,这其实也是采访成功的重要标志。在我采访郭敬明的时候,一位人高马大的体育爱好者也到了现场,就在我们访谈结束的一刹那,他疯狂地冲进访谈VIP室,向郭敬明索要签名,准备送给他的女朋友。在那之后,这位"体育小哥"就特别关心我所做的访谈。可见,记者与嘉宾一次特定的对话,并不局限在两个人之间信息与观点的交换或是碰撞，它也可以通过媒体，扩散到社会各行各业人士的生活中，形成"多重受众"的传播效应。

这就要求，记者的采访不能拘泥于嘉宾所熟知的"信息场域"，还要发挥新闻人特有的角色——广而告之，兼济天下。记者所采访的内容，不仅要以受访嘉宾为出发点，还要将采访时谈话的内容进行合理的加工和包装，让其成为人们共同关心并有趣味的大众产品。一方面使得采访的内容以文化消费品的方式供大众关注和消费；另一方面以媒体责任感为原则，让记者与嘉宾的对话跳出两者之间的"小世界"，以小见大，以新闻的视角、话语探讨的模式，走进百姓的生活。

采访的开放性和对等性

采访是一种有技巧、有艺术的对话。但是，对话或聊天，都只是采访的表现形态，采访不能陷入为聊天而聊天的"形式主义"陷阱中。采访首先是一种信息采集活动，同时也是一门意义阐释的艺术。在采访过程中，不论是谈笑风生，还是三缄其口，只要记者事先想采集的东西获取到了，这就是高效、成功的访谈。同时，在双向的对话中，访谈还要注重各种各样的细节，以及其中采访的艺术。同样一个问题，换作不同的表达形式，最后的效果可能完全不同，这也影响了采访最终的传播效果。比如，"您对这个问题怎么看"，是很多采访惯用的"秘籍"。但这类问题开口很大，会让受访者有种不知从何说起的尴尬。这种模式的问题被业界视为"蠢问题"，显得很不专业，不到万不得已，最好不用。

既然采访是对话，就应该建立在开放、平等、理性的基础之上。采访是开放的，表面上是记者和受访者两者之间的小小互动，

一经整理、编辑、发表,却可能成为众人关注的焦点。采访的开放性,不仅表现在多重受众上,还表现在采访形态的技艺诠释和采访议题的博采众长上。在采访成果公布之后,接受公众的赞扬或批评等反馈也体现了采访的开放性。它让一个优秀的记者意识到,我们采访的嘉宾,并不专属于我们,而是在某种程度上属于公众,如果在采访过程中表现得矫揉造作或者消极怠慢,最终都会被放大,从而使采访活动缺少人为介入,难以呈现更为精彩的一面。

因此,采访需要一种最为本真的还原。这种还原需要双方在心平气和的氛围中建立平等的对话。对等性,是记者和受访者之间共同创造出来的传播语境,记者在面对嘉宾的时候,既不能妄自菲薄、矫揉造作,也不能狂妄自大,还不能激情有余、专业不足。记者要把握住采访的节奏,因势利导,让谈话在合理、有序的模式中进行,这考验了记者方方面面的职业素养。

在采访每一个嘉宾的时候,无论这个嘉宾多有名气,我都不会在初次见面的时候以各种借口索要合照和签名。因为我要让嘉宾感觉到记者这一职业的独立和克制,而不是暴露自己的"不专业"。如果访谈进行得很顺利,可以在谈话之后交换名片的时候,很自然地合影留念;或是有专业摄像师在采访过程中拍摄下来我们交谈的照片,我也会欣然接受。这些都无妨,关键的是访谈已经结束了。

理智看待名人和明星

客观理智地和受访明星相处,是一个优秀记者需要具备的重要品质。虽然记者每天都有机会采访形形色色的业界名流,但采访活动有一个显著的特点,就是采访资源的不均衡性。比如,有人采访到林毅夫,经济学界的人士会觉得很牛,但一心只关心日本动漫的

90后，似乎就没有太多的感觉。也就是说，记者虽然是见过"大世面"的宠儿，但这种"受宠"是相对的，"受宠"的标准具有极强的主观性和不确定性。

采访资源的不均衡性还表现在，同样是文化或体育界的嘉宾，有的记者能采访文化部部长或是体育局局长，有的记者能采访影视明星，有的采访对象则是路人甲乙丙。这就会让采访本身从一开始就有了主观的、多元的认知和判断。其实，任何一种采访资源客观上都不存在"不平衡"，只是因为采访对象在主观层面上的不同映射，才会有一种被人为化了的"不平衡"。资源的"不平衡"具有强烈的主观臆断的特性，却又摆脱不了大众的刻板成见。基于此，名人之"名"、明星之"亮"，就是主观的、相对的，是一种标签和象征。我们在采访名人时，激情有余、冷静不足，会影响采访的节奏。

一名优秀的记者，尽管采访到心仪的明星，会有一种莫名的优越感，但也要时刻铭记，在访谈中，最为重要的是采访最终产生的客观效果，它需要大众的真实反馈，并伴随着一种无可替代的社会影响力。我在采访一些大牌名人的间歇，了解过他们愿意接触的记者类型：稳重、大方、有礼有节、不卑不亢。这些职业素质往往能够第一时间增强受访嘉宾的好感。成熟稳重的记者，也可以在自己相对简单的对话体系下，引导受访嘉宾保持中立态度，采访过程就会自然带有客观、真实、不片面、不偏激的调性。当然，这里的成熟稳重，不可过度地理解为外表、财富等有形的东西，最主要的还是记者在具体提问的环节中、在与嘉宾的交谈互动过程中所彰显出来的个人魅力。这是一名优秀记者应达到的标准，同时也是成功采访的重要保障。

该理性还是感性

在采访中,随意自然的对话或是聊天,会让访谈顺利进行,也会燃起受访嘉宾的聊天欲望,增强访谈的表现质量。但一个成功的访谈,应该同时具备感性和理性。采访是对话,采访是聊天,但采访又不能完全像坐在炕头上,两腿一盘,无所顾忌地闲聊。过于随意的采访,会让记者沉浸在"自我感觉良好"的状态中,甚至也会让嘉宾有一种"宾至如归"的亲切感。但访谈具有"多重受众"的特质,漫无目的、思维跳跃、毫无信息点的访谈,会让其他受众反感,从而产生无趣、不屑等负面观感。访谈不拒绝感性,但它从本质上讲,更需要理性的思想内核和对话逻辑。前几年,一个著名评论员去一所知名高校做演讲,我在会场。评论员讲毕,台下有一家媒体的记者对其进行现场采访。大家都在期盼两者的对话能碰撞出思想火花。谁承想记者从这位评论员的私生活聊起,丝毫不将交谈切换到与演讲主题相关的理性探讨上。浪费了时间不说,更重要的是,它使对话陷入"八卦漫谈"的俗套之中,暴露出记者在采访中不够专业的短板,也极大地瓦解了采访所应承担的社会功能。

细节的魔力

采访还包含另一个内容:记者和受访嘉宾气场的博弈。这在面对面采访的过程中尤为突出。采访不仅是语言符号的交流和互动,其本身也是非语言符号博弈的过程,这构成了采访中非常微妙、有趣的一面,也是很多人极易忽略的细节。

采访时应穿什么衣服这样的"小细节",其实也是一门"大学问"。采访商务人士、政界官员以及文化界人士，所穿的衣服应有所不同。商务人士更注重效率、利索和精干，所以西装是不二选择，而且西装的时尚性和多元性——比如尖头皮鞋、有品质的格子男士西裤、配有胸针的女士职业装等，会让采访的调性更具谈话气场，也会给人一个先入为主的好印象。如果采访嘉宾是一个人的话，可以事先看看他平时的着装习惯和风格，然后据此选择自己的着装，从而营造出一种相互搭配的"气场"。政界官员更加沉稳、严谨，因此在选择服装方面，应该少一些时尚元素，让自己所穿的衣服、所佩戴的饰品，带有一定的功能性质，避免浮夸。

在采访中，记者着装最大的艺术在于休闲和随意中透着一种仪式感。我在采访一位知名艺术家的时候，并没有"精心打扮"自己。那时是一个秋天，我穿了一件清爽的格子衬衣，外面加了一件有些设计感的黑色外套配上清新的牛仔裤，再加一双英伦风格的棕色皮鞋。这样的着装看起来既时尚，也相对文艺，不会让谈话从一开始就陷入一种"奇怪"的气氛中。果不其然，我们一见如故，气场相投。我想这应该就是衣服给我带来的自信和从容。

除了服饰，记者在采访中表现出来的肢体语言和面部表情，都属于非语言符号的一部分，是采访的重要组成部分。面对气场强大的采访嘉宾，如果记者的表情过于"虔诚"，谈话很可能陷入一种"答大于问"的形式主义怪圈中，嘉宾信马由缰地不停倾吐，而记者的控场能力和批判意识被削弱。也许采访出来的成果是很成功的，但这种成功不等于采访的成功，只能说嘉宾"能言善辩"，一个人的知识结构就足以撑起整个话题的构架。但这也恰恰说明，记者在采访中处于被动地位，气场弱，被受访者牵着鼻子走。这样的采访，至少从过程上来说是失败的。但另一方面，记者也不能为了表现自己的"积极有为"，在采访中眉飞色舞，让受访者感觉压抑

和不自在。在这样的气氛下对话，受访者一般都不会轻易打开话匣子，记者也很难获得更多的信息，是一种"对话双输"。

有一次，我作为主持人，就一个话题采访了三位嘉宾。这样的主持，一个记者要应对两人以上的受访者，属于采访中"一对多"的访谈形式。在这种情形下，采访者的非语言符号尤为重要。在对话开始的时候，我正侃侃而谈，发觉其中一位专家并没有专注地听我说话，而是两眼直勾勾地盯着我不停变换的手势。我才意识到，我的手势干扰了谈话本来的节奏。我适当地调整后，那位专家的眼睛再也没有放在我的身上，我们的对话就变得畅快许多。

总结起来，表情、手势等非语言符号的运用，对于记者来说，需要注意以下几点：一是在面对面的采访中，除了语言交流，非语言符号的介入对塑造谈话的气氛、确定嘉宾和记者之间的力量博弈，起着不可小觑的微妙作用。记者在采访之前（而不是采访过程中），就应该有这样的意识。二是对非语言符号的运用，没有统一的标准，需要记者灵活合理地应用到谈话之中。三是记者在对话中的表情和手势，需要借助一定的谈话气氛。记者应学会根据不同的谈话氛围随机应变，来及时调整自己的面部表情和手势。

菜鸟 ------ 专业

萌新

成长

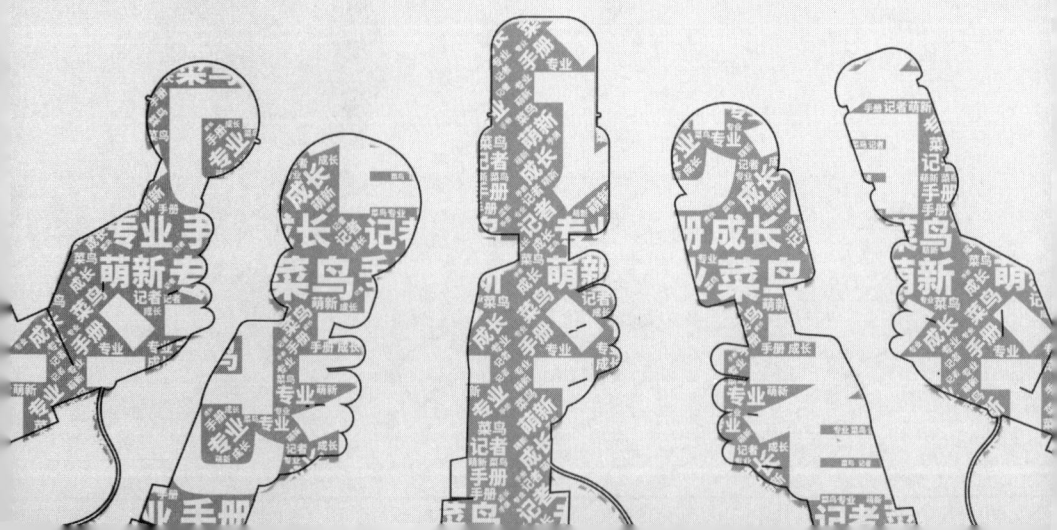

记者的积淀

如果说采访具有可复制性和可操作性的技巧，那么，采访背后的积累、积淀，就带着几分鲜明的个性化色彩，具有不可替代性。一个成功的采访，可以从任何角度来评析其中的门道，却不能直接地像买一项技术专利那样拿来即用；一个成功的采访，是用来欣赏或培养感觉的，绝不是依葫芦画瓢式的套用。采访是一种体现记者个性化功力及其综合素质的核心衡量标尺。它更需要记者在平时的生活中，多积累、多思考、多感悟，潜移默化地让自己融入一名记者的思维模式和生存状态之中，而不是"接近"一个记者，或"像"一个记者。

采访说简单也简单，只要如法炮制，不出特别大的差错，怎么都是可以进行下去的。但采访说难也难，因为不是任何一个采访，都可以成为大众持续关注的焦点。有些采访当时很火，过了一段时间就像一阵微风拂过，随后便销声匿迹。记者的积淀很重要，它是衡量采访全过程是否专业的重要标准。专业的采访和不专业的采

访,在采访的前五分钟内就可以分辨出来。在这极短的时间内,人们所依据的标准并不是采访技艺本身,而是记者在采访过程中,是否具有一种让人信服或舒适的感觉和状态,这背后一定离不开记者平时的积淀。无论是资深记者,还是职场新人,这种积淀都是十分重要的。对于刚刚涉足新闻领域的人而言,积淀是他们"上道"的必修课,也是衡量他们从业余到专业的分水岭。

在我刚进入媒体工作的时候,有个实习生说她一生中最大的理想,就是采访到世界各行各业的名人大亨,于是她疯狂地利用实习平台,通过各种"高大上"的国内国际会议,尽可能地接触到她的"偶像"。她确实如愿以偿,但之后的结果却并不尽如人意。比如,在一次国际高层会议上,这位实习生获得了一次和诺贝尔经济学奖得主对话的机会。她非常随意地提了个问题:"您觉得中国经济未来的趋势有哪些?"有意思的是,这个被采访的专家也不按套路出牌,而是反问她:"那你觉得呢?"这位实习生站在那儿,嘟囔了几句,场面很是尴尬。虽然见到了明星大腕,却因为积淀不足而失去了进一步接触、交流的机会。如果这位实习生把平时折腾的时间用在修炼内功上,也许她会获得一段精彩的对话。

修炼内功的"三大法宝"

对于记者来说,积淀是一种私人修为,而不是跟风式的盲从行为。记者的积淀,区别于专家学者系统、高深的知识架构,也区别于苦行僧式的面面俱到和完美主义。记者在采访嘉宾时,一方面代表他所在的平台——传统媒体、网络媒体或者自媒体,是自己所代表的一个话语利益集团;而另一方面,更重要的是代表自己,是自己对一个特定人物、热点事件的新闻诠释和态度倾向的展现。记者的专业精神不在于他对既有规则的唯命是从、循规蹈矩，而在于他能结合自己的特色，创造出属于自己的交谈风格和捕捉能力。这要求记者暂时摆脱一种传统的观念，展现出自己日积月累的感悟、气质和情绪。试想一下，如果我们是受访嘉宾，我们所接触到的记者千篇一律，谈话势必会毫无新意。记者在自我积淀的过程中，固然不能忽视标准化的、具有某种共性的专业素养，但更应该注重对自己个性的塑造。

记者的积淀，也要注意它的时代性。当我们提到"名记者""大记者"，往往会将历史上的优秀记者如何修炼的故事，拿来作为大家学习的榜样。追根溯源，从历史的角度来梳理优秀记者可圈可点的往事，确实对我们当代记者的积淀具有不可替代的作用。但是，记者所置身的圈子是媒体，他们所接触的是这个时代最为鲜活的、最为前沿的东西。因此，记者的积淀，与其说是一种"由远及近"的追思和梳理，倒不如说是"从新及旧"的倒推和补充。这需要记者在日常生活中，不能只沉迷于那些经典书籍、过往人物、如烟往事，还应该面对当下，时刻保持一颗好奇的学习之心，不断补充和调整既有的知识结构和思维惯性，让自己的"积淀内存"时常更新换代，并刻上时代的烙印。

关于积淀的关键词，可以理解为安静、持续、慧根。积淀，首先需要一个安静的状态。在浮躁的气氛下，积淀的东西不免带有几分"快餐式"的敷衍，缺少润物细无声的踏实之风。只有在安静的环境和心绪中，积淀才会对一个人的灵魂进行全方位的塑造。所以无论多忙，也要给自己一些时间，用来读书、看报、看纪录片等，必要时可以去咖啡馆或是自己喜欢的公园的某一角落，与自己进行对话。比如，在看完一个近期的"大新闻"后，记者可以通过录像的形式将自己的见解做成一个类似脱口秀的短视频，也可以用笔随

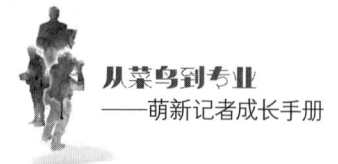

意将自己的观点记下来，不一定成文，但要突出它独特的思想性。

积淀是一个过程，不是一种行为。不持续的积淀，反倒毫无效果。三天打鱼两天晒网，无法塑造出一个立体的、完美的自己。意志力的坚持，需要有心理暗示的技巧和热情，有时也离不开志同道合的小伙伴。如果你有"犯懒"的时候，不妨加入一些靠谱的群或小组，一起读书、讨论，一起旅游写游记，一起去博物馆看展览等，通过这些丰富而鲜活的互动，让自己始终处于一种充电的状态中。

积淀，还需要慧根，需要顿悟。"填鸭式"地给自己注入一些文字、思想和体验，只能让自己"像"一个记者，而并没有和记者这份职业融为一体。不妨将自己在日常生活中的突发奇想大胆地通过文字或语音记录下来，时不时地翻阅、验证，说不定会在日后的采访中派上用场。

记者的修养=有形积淀+无形积淀

大体来讲，记者的积淀过程分为有形积淀和无形积淀。所谓有形积淀，就是能看见、感觉到，甚至可以量化的积淀过程。当你用心看完冯友兰先生的《中国哲学简史》，就可以大体了解中国上下五千年的哲学流变，在需要的时候，释放自己的"哲学小宇宙"，进而指导自己的人生观。无形的积淀，就是在无法量化的情况下，个人对生活的一种理解和感受。它虽然很难用语言来表述，却实实在在地内化为自己的思想，影响自己对事物的看法。

与有形积淀相比，无形积淀更令人猝不及防，因为它是在一定量变的基础上，在一定条件的满足下，发生了最终的质变。无形的积淀，一般具有碎片化、分散性、易变性等特点。这就要求记者在自我充电的过程中,要下意识地形成自我对话和记录的习惯。自我对话,是记者在亲身经历或道听途说了解一些见闻的时候,以口头或书面的形式,将自己所获得的感悟描述出来。这个过程有一定的私密性和随意性,也是一个记录的过程,要尝试着将支离破碎的情绪通过口头或文字的形式记录在案,形成相对成熟的思路,才可能在未来采访过程中产生"爆发"的灵感。

对于记者来说,两种积淀都很重要。少了有形积淀,空有一种"只可意会"的顿悟,他的采访行为将变得没有主题和意义。这种问题很容易发生在刚涉入职场的"新闻爱好者"身上。反过来,只有有形积淀,缺乏无形积淀,容易让自己陷入纸上谈兵、装腔作势的怪圈中。读的书多了、懂的事情多了,很容易让自己在思考问题的时候,多了"条条框框"的约束。更可怕的是,对有形的东西积淀得越多,无形之中自己思考的空间就被压缩得越多。这样,采访就是例行公事的机械式操作,缺乏自己独特的感悟力、想象力和创造性。撇开其他因素,记者本身的有形积淀可以通过统一标准量化的形式呈现出来。这一呈现有时会成为一种模板来加以套用。因此,套用出来的问题、观点、思想如出一辙、毫无新意,也是情理之中的事了。

一、从"萌新"到"快手":接触媒体有时比读书更便捷

有形积淀,又分为直接型的积淀和间接型的积淀。直接型积淀,它是一名"准记者"进入职业记者的"捷径"。如果你想"一步到位"地接近媒体行业,最直接的做法并不是盲目地去买相关书籍,而是进入媒体行业实习。这个方法一般针对高校喜欢新闻行业的同学。去媒体实习或兼职的途径有很多。比如,对于学习新闻传播的同学们,可以借助院里或系里"近水楼台先得月"的有利资

源——导师引荐、学院推荐、师哥师姐的一条微信朋友圈——成就自己的"新闻梦"。要提醒的是,实习或兼职固然是非常重要的一种有形的、直接的积淀,但到了新闻媒体,要主动观察,深入学习和发现一些不同于专业学习的流程环节和新闻原则,及时向前辈们虚心请教,切忌蜻蜓点水般地去各种媒体"跑场子"。否则大世面是见了,但相关的认知水平几乎都停留在"看热闹",而非"看门道"的层面上。

对于非新闻传播专业的同学而言,想进入媒体圈子实习,也绝非难事。可以借助日益发达的互联网,分门别类地选择适合自己实习的媒体信息,大胆地投递简历。在简历制作上,不宜写"我个人很喜欢新闻"之类的口号,而是要将自己曾写过哪些文章具体地写出来,这会比空喊口号更能吸引人的目光,从而提高自己从"门外汉"到"行内人"的命中率。即使是一些知名媒体里的实习名额,有时候也并不像大部分人想象的那么难拿到手。媒体在做一个新项目的时候,确实很需要新人的加入。所以在遇到合适的时机时,放下自卑和犹豫,主动地、积极地把握。

另外,作为一个新人进入媒体实习时,一开始的工作基本都是琐碎、简单的,甚至是枯燥的。在这个时候,不要急功近利,而是要稳下心来,把简单的事情做好,往往会有意想不到的结果。我在上学的时候,也曾在一家媒体实习。当时的名额确实很紧张,能进去就算是很幸运的事了。但进去之后,我每天的工作就是听非洲、拉丁美洲等一些非英语国家的领导人讲英语,然后把这些"天书英语"翻译为中文。可以说,这个任务是超出学校所学领域的,非常枯燥,具有一定的挑战性。但我还是耐着性子,把每句话都一遍遍地听了下去。坚持了几天后,我被告知要派去采访某知名汽车外企老总。我想,脚踏实地的举动,是任何一个用人单位老板都乐意看到的。

二、玩转几大类自媒体，你会拥有一颗与众不同的"初心"

直接型的有形积淀另一个比较重要的形式，就是参与到自媒体的运行中，这在近年来的媒体环境中，也不失为一个有效的通道。这种形式能够发挥自己的能动性，从而提升媒介素养。自媒体的顺利运行还有一个重要的前提条件，就是要有资源。这个资源不仅包括钱，还包括人脉。有钱，可以依照自己的意志，独立开辟一个自媒体，让它从一开始就按照自己的想法来运行，现在90后创业很多都是瞄准了这个领域的市场；有人脉，可以暂时省去一大笔筹办自媒体的花销，也可以在朋友间的互相鼓励中实现自己的媒体梦想。

自媒体的运行模式也是五花八门、难以罗列的，但现在比较"火"的自媒体有以下几种：

1. 吐槽型"脱口秀"。这种形态的脱口秀，创造了有别于传统脱口秀的另一种可能性。它更加偏激，更加粗暴，却又直戳人们的内心。做这一类型的自媒体，一方面需要把生活中偶发性的事件进行艺术加工，让它更夸张、更有趣，拉近吐槽事物与大众的距离。比如，有个吐槽类的脱口秀，就"一个女生，在得知男朋友突然有事不能陪自己时的表现"为题，把日常生活中各种不太可能发生的状况都通过诡异的、戏谑的方式表达得淋漓尽致。单看这个视频的题目，并没有什么深度，但它的角度很新颖，所以能引来巨大的点击量。

2. 网络直播。网络直播会让人感受到媒体的一个神奇功用——化顽石为金石。一个普通的人，稍微打扮或包装一下自己，在镜头前吐吐槽、说说段子，甚至是睡个觉，就可以一夜成名、一夜暴富。我们这里所说的直接型积淀，并不是鼓励大家在有违社会公序

良俗的情况下来"作践"自己,而是利用技术和资源,对自己的生活见闻进行直播,并在直播中锻炼各方面的能力,这些能力涉及选题、口才、编辑、应变力等,也是进入传媒圈必备的功力。某年春天,我去黄山观日出的时候,利用酒店的阳台,现场直播了一场黄山日出的视频。这个观日出的阳台没有那么多人挤在一起,景致适合开启一场"不喧闹"的日出直播。这个过程既锻炼了我的现场应变力和即兴口才,也培养了我录制视频、后期编辑等种种能力,对我的媒体素养积累的影响是极为直接的。

3. **街采**。这种方式比较有趣,也容易操作。你只需要一个像素清晰的手机和让人有表达欲望的话题就可以了。同时,在拍摄路人甲乙丙的时候,可以告诉他们之后编辑好的成片会发到某某平台,加入这个平台,即可看到他们的"良好表现"。这也会给自己所经营的自媒体增加几分人气。街采,首先可以锻炼一个人与陌生人沟通交流的能力。其次,还可以增强自己在阐述一个主题时的信心并提高临场应变能力。这些是记者最为基本的功力。现在这个时代,自媒体要筹办好,固然要顾及自己的感受,但更重要的还是要"取悦"好所服务的受众,懂得受众的市场在哪儿。一些顺利运行的自媒体,一方面具备充足的资源,做好了前期从内容到营销再到融资等一系列的准备工作;另一方面试图寻找触发这个社会敏感神经的敏感点,以此切入,进行大胆而合理的渲染,吸引大众的流量。

三、"大记者"阅读书本的正确打开方式

在间接型的有形积淀当中,阅读是最为重要的形式。阅读,是一个宽泛的概念,不仅指书报刊等纸媒,还包括视频、纪录片等数字内容。

记者的阅读和其他群体有何不同呢？记者可以读万卷书，形成"腹有诗书气自华"的文化底蕴。但不应该仅停留在饱览群书、旁征博引上，而应该形成一种"化抽象为具体"的形象思维、一种在尽量短时间内高度概括的逻辑能力、一种以小见大的思考模式、一种"熟视有睹"的新闻敏感度。

记得我在学校参加一位资深记者所举办的读书会的时候，这位记者前辈当时就让我们谈谈对一本书的感想。很多同学从这本书的框架、体例、观点、后续、逸闻趣事等方面侃侃而谈，有的同学甚至将这本书和其他同类书做了非常细致、系统的比较和剖析。听罢，那位记者失望地摇摇头说道，"你们的读书分享，我都不满意"。正当大家感到疑惑的时候，他补充道，"大家都旁征博引，但这种旁征博引，无异于那些大学教授、无异于专家学者，我们新闻人不是这样的"。记者的思维应该是形象的，记者的语言应该是凝练的，记者的表达方式应该是简单的。再专家型的记者，也是记者，他不能让他的表述带给观众云里雾里、言之无物的印象。记者是大众传媒的产物，大众传媒的目标对象是具有异质性的分散性的受众。如此说来，记者的"话"，首先是"人话"，要让普通大众都能听懂，要让大众传媒具有更为广阔的社会基础和受众支撑。这是记者在阅读之前，绝对不能忽视的一条准则。

我把记者的阅读大致分为三类：时事类、专业类、兴趣类。

时事类的阅读，其实就是阅读一些报纸、杂志，看一些电视、网络视频等时事报道或是重大访谈。采访，是一种信息采集的活动，而信息的交换或是分享，具有一个重要特点——以信息来交换信息。试想，如果一个直面社会时事的记者，在采访时对我们周边的事物置若罔闻，首先会让受访嘉宾产生一种"局外人"的陌生感，对话的质量将会大打折扣。时事类的阅读，不必求"精深"，

而须求"广博"。记者在涉猎时事新闻的过程中,要让自己成为杂家:世界经济危机是怎么回事、中国经济不转型升级会有哪些后果、美国大选折射出哪些地缘政治的危机、中国文化界为何有"大拿"而无"大师"等议题,都应该纳入记者关心的范围,而不只是个人兴趣。这些内容的获取就像是大学课程中的"必修课",必须都懂一些,这是记者采访时最需要直接运用的积淀内容。

专业类的阅读,不仅包括新闻传播类的文献资料和视频资料,还包括一些特定的领域,比如法律、医学、经济、艺术等方面的专业资料。对于专业领域的学习,应该在极短时间内搜寻最为核心的观点。因为"术业有专攻",记者阅读专业书籍的目的并不是作为一个"专业人士"来进行学术探讨,而是作为一个信息获取的大力选手,将阅读由"厚"及"薄",由复杂到简单。

兴趣类的阅读更是包罗万象。它就像是大学课程中的"选修课",直接和个人的兴趣相关。兴趣类的积淀,具有非功利、个性化的特点。它可以让一个记者看起来更有见识,会在某些特别场合之中,因其与众不同的积淀脱颖而出。

在我们大学快毕业的时候,有个师哥为庆祝他的电影开机仪式,邀请我们"开开眼界"。在会场的间隙,一个男同学和一位陌生男子相聊甚欢,那位陌生男子是某知名旅行类杂志的总编,而这位男同学最后被破格录取到该杂志社,从此开始"周游世界"的职业生涯。事后我们才得知,这位男同学平时就很关注南美洲的人文地理,宿舍的床头摆放的都是各种介绍南美洲风土人情的书籍、杂志、录像碟片等资料,他甚至还会去北京一些开设相关课程的高校听课、参加会议论坛。这启示我们,即使一个小众而晦涩的兴趣,有时也可以改变我们的一生。

说到阅读,还应该强调下视频阅读和文字阅读的同等重要性。

对于记者而言，视频阅读也是一种阅读，而且它在某种程度上，比文字阅读更容易锻炼记者的形象思维和画面感，更容易捕捉到一些不一样的信息点。比如，同样一则有关G20峰会的新闻，如果通过文字阅读，我们只是知道在哪里举办了一个什么会、这个会有哪些人参与、产生了哪些重大议题。读完文字，似乎什么都知道了，其实都是知道个大概，对相关信息还是理解得不够透彻和深入。如果这时介入视频资料，我们或许就可以瞥见德国总理和美国总统在峰会上微妙的对视表情，进而进一步地挖掘德美关系，以及欧美关系现存的问题和未来的走势。这些额外信息点的获取，对记者采访的功力和对话的效果，都是意想不到的助力。同样一个新闻，我们应该有意识地在文字资料和视频资料之间自由地切换，从而扩大记者的认识视野，提高采访的效率，增强采访传播的效果。

获取他人经验，也是一个不容忽略的积淀

间接有形积淀的主要表现形态是阅读，它很重要。除此之外，与记者同行及前辈聊天所进行的经验分享也是记者增强职业认同感的重要一环。虽然经验是间接的，但可以获得书本上没有的独特心得。"经验之谈"不一定能直接拿来为我所用，但会让自己对正在发生的事情拥有直观的了解。

间接的有形积淀还包括，不失时机地亲临新闻发布会、新片见面会、欢迎晚宴等"大场面"，通过对现场的观察和人物的互动而占有"第一现场"的独特体验。见识各种"大场面"是新人了解媒体圈的一个重要途径，它呈现的立体画面能让置身其中的人感受到浓浓的现场氛围。在亲临这些"大场面"之后，时不时地问自己：

如果是自己,会如何处理?现场的哪个记者问的问题好,哪个问得不好,为什么?就同一个新闻事件,如果换作自己,又会如何提问?久而久之,便会让自己间接地融入传媒行业特有的气氛之中,潜移默化地塑造自己采访时的形象和气场。

菜鸟 ------- 专业

萌新
——————
成长

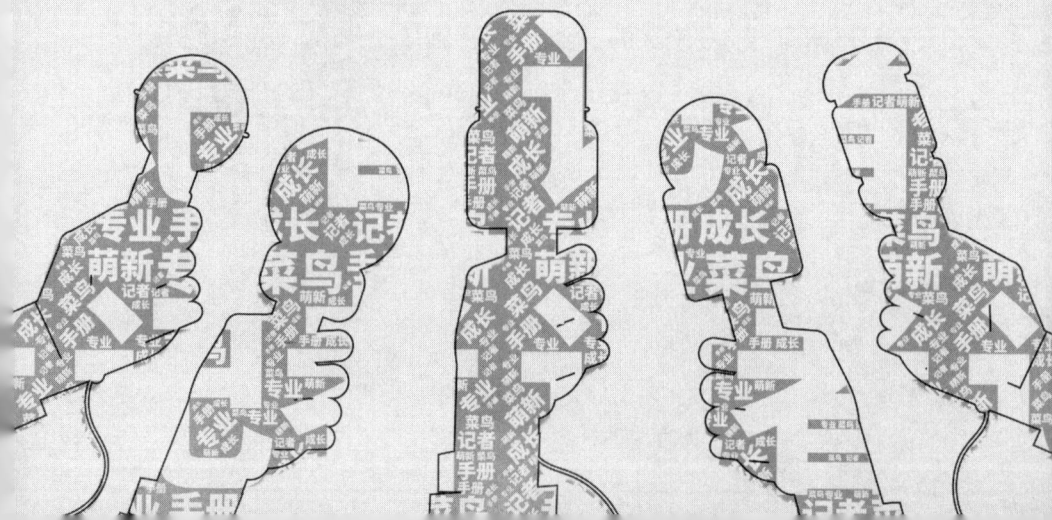

好的开始，是成功的一半

就记者而言，好的开始，永远要比坏的开始所消耗的成本更低。虽说"条条道路通罗马"，但也有"一步走错步步错"的告诫。对于乐观主义者来说，他们可以"今宵有酒今宵醉"，不在意所谓的开始是不是"够好"。但乐观的情绪有时候会很脆弱。因此，从一种防微杜渐的"悲观主义"或现实主义的角度出发，好的开始会让自己在未来的职场中更加自信和从容。从现实出发看未来，一个好的开始就是用现在的准备去投资未来的精彩；一个好的开始，会让记者有一个好的平台，从而结识好的团队，有更多机会采访优秀的成功人士。这无疑为以后的成长提供了好的资源。而一个不好的开始，会让记者在职场一开始就遇到本不属于他思考的问题，一些不必要的迷茫、困惑、质疑会一直困扰着他们。

前几年，我结识了一个媒体同行，他毕业之后选择去一个运作机制比较陈旧的单位做起了记者的工作。不曾想到的是，工作以后，他被派往偏远的村镇，负责校对别人已写好的稿件，文章的观点、思想则不用顾及，主要看有没有错的标点符号和错别字。他还要向他所在乡镇的老板推销他们的内刊，费力地搜罗广告商。在推销的过程中他屡屡碰壁。日复一日，年复一年，这样的工作没有任何突破。

当然，每个人都有自己的人生选择，做出什么选择，本无可厚非。但就记者生涯的开始而言，一个相对好的平台、良好的媒体气氛等，无疑可以使一个人更加专业。对于"萌新"来说，如果想要进入新闻行业，应谨慎择业，使自己尽可能地进入好的平台，这个行业有时经不起"折腾"，它需要清晰的思路，一步到位。这也会让自己的记者生涯步步为营，让自己未来的采访工作更加顺利。那么，记者的起点在哪里？一个记者，应该从哪些方面进行突破？很多读者都在寻求问题的答案。

用"文艺青年"的杠杆，撬动记者这一行当

如果一个人从事金融、房产或司法工作，他需要变得很职业，但这种职业更偏向于实操。相比起来，媒体所需要的"职业人"更加不那么"一板一眼"，也不必那么整齐划一。媒体这个行业，不仅要客观报道新闻时事，还要传播思想，站在社会的前沿引领时代的风尚，这就需要记者怀揣一颗"文艺青年"的心。在进入媒体圈之前，培养一种除了现实之外还有"诗和远方"的气质。

记者一定要有好的文笔，要会写。笔杆子的练就，首要培养的是一种沉迷于文艺气息的心态。有了这种心态，观察身边的万事万物，才会有一种想要记录的冲动。记者还要"会说"，要有好口才。口才好的人，大多数不是天生的，甚至有的曾经患有"自闭症"。想要"能说会道"，就少不了沉浸在文学艺术的世界中，

"熟读唐诗三百首",博古通今,培养一种"文绉绉"的气质。能说会写还不够,有时候还要进行拍摄和被拍摄,这既需要有扛着摄像机收揽世间百态的审美眼睛,也要有被镜头拍到时坦然自若的沉稳气质。如果没有美术基础和艺术细胞,"临时抱佛脚"的卖弄技艺只会使自己和自己的作品变得空洞、干瘪,缺少生命力。另外,作为一个出镜记者或者是主持人,如何挑选衣服,才能让自己的气质与主题更加匹配;后期制作时,怎样的剪辑更有视觉感染力,这都需要记者时时刻刻怀揣着一颗"文青心"。

从创新性的角度来说,记者这个职业并不是一个"循规蹈矩"的职业。在采访的过程中,记者不需要把准备好的问题"照本宣科"地背下来,而是要因势而动,结合情况发挥自己的创造力。在采访前,记者要收集资料、准备问题,是一个"从无到有"的创造过程。嘉宾的资料是有限的,但对嘉宾资料的发掘是无限的。这要求记者大胆地发挥想象力,用一种创造性的思维,激活嘉宾与既有资料之间的某种关联,让访谈显得更有趣味,更具表现力。

在我所接触的知名媒体人身上,我发现了优秀记者身上所共同散发的文艺气息。有的资深记者喜欢旅行,比如去北欧观看极光、去南极和企鹅合影。这不仅丰富了他们的阅历,扩大了他们的视野,也让他们能够以与众不同的角度进行报道和采访。有位媒体主编喜欢画油画,他对于线条和色彩的应用可谓"信马由缰",他同时也获得过纪录片摄制的大奖。可以说,一个从事媒体圈的人,一开始就不应忽略对自己的"文艺投资"。比如,去博物馆看展览,听一次音乐会或是演唱会,来一次说走就走的古镇之旅,听一次文艺讲座,看一次话剧,等等。记者从一开始就不应该陷入一种"规行矩步"的思维习惯和生活方式,而是要尽可能地激活自己身上的艺术细胞,让自己暴露在一种开放、自由、个性的空间下,大胆地尝试。

跻身媒体圈的"捷径"

人生其实有无数种可能，但没有一种可能不需要特定的筛选，这一筛选的过程就是成长的过程。不同的人，进入记者这个行业的方式似乎都是不同的。每个人都可以在媒体圈中开启自己的一片天。想要跻身媒体圈，有两种"捷径"：一是参加权威的行业大赛，二是考学深造。

前些年，很多主持人都是通过主持人大赛脱颖而出的，而近年来，有关记者、主持人等公开的行业大赛似乎并不多见。可以说，电视公开大赛适合那些急于进入传媒系统、抛头露面的年轻群体。电视大赛的流程较为简单，考核时间较短，考核的标准也较为单一，因此通过电视大赛走出来的"明星"，他们也渴求进一步接受更加正规的教育。

考学深造是一个人直接晋升为"媒体人"更为正规的通道。毕竟，记者这个行业越来越"讲究"，它不再是一个"低门槛"的职业，社会和大众对这个职业的要求越来越苛刻。对于一些有大把时间又愿意长期从事传媒的人而言，培养自己的专业性，无疑应首选考学深造。

中国培养记者的高校大部分集中在北京，它所培养的人才可以说是统揽全国的。在北京的高校学习完新闻传播专业，去国内其他地方从事传媒工作，往往都是一张很有分量的王牌。就地方而言，以上海为代表的长三角地区、以广州为代表的珠三角地区，以及以武汉为代表的华中地区，都是中国传媒的重镇。

除此之外，在其他地方有影响力的电视台或报社，也有一些对接的高校。比如，地方媒体的一些主要领导毕业于地方高校，那

好的开始，是成功的一半

么在这所高校里读书，毕业之后就有很大可能去对口的地方媒体工作。现在的就业已经不具有计划性，但这种潜在的关联性还是存在的。就北京而言，中国传媒大学毕业的学生，基本是去中央电视台、凤凰卫视、北京电视台、网易、腾讯等媒体；而中国人民大学毕业的学生，更倾向去党政机关、事业单位、央企等。因此，在挑选学校的时候，不能只关注它的排名，还要看看它的历史传统，要看看从这一学校走出去的毕业生，主要集中在哪些性质的媒体和哪些领域，然后结合自己的实际情况，进行针对性的选择。因为，媒体圈是一个非常注重人脉资源的场域，记者又需要人脉积累，如果能在一开始就明确自己专业的对口媒体和领域，可以在以后的工作中少走弯路。

就国际而言，传媒的资源主要集中在美国、英国、法国、日本、新加坡等，中国的香港、台湾也是亚洲区域传媒业比较有特色的。从全球知名的媒体可以看出，美国的传媒业处于全球领先的地位。基于我接触的来自哥伦比亚大学、密苏里大学、斯坦福大学等高校传媒的了解，美国的传媒教育很注重开拓性。它的研究不仅仅注重基础层面的积累，还注重探索人类传媒领域的新现象、新问题，比较前沿。而且，美国传媒教育还有专业化、职业化的特点。在美国学习新闻，学的不仅是新闻，还有很多与新闻相关的统计学、心理学、经济学、体育、艺术等学科。学生能够从自己熟悉和感兴趣的领域进一步延伸，继而很好地和社会中的媒体进行对接。

英国传媒教育注重文化创意方面的培养，它们培养的人才更加细腻、理性，更加务实，有良好的职业操守。法国的传媒教育偏重艺术的表现，更具法兰西特色——追求自由和个性，而且它的传媒理念和美国、英国有所不同，自成一派。在法国，老师们教书大多没有教材，他们更注重在课堂讨论和互动中，培养学生对传媒领域

综合的思辨能力。可以说,这对法国记者的"三观"塑造有一定影响。在日本和新加坡,综合性的高校比专业性的高校知名度更高,校友人气也更旺,所以像早稻田大学、新加坡国立大学等知名高校培养的传媒类人才更受青睐。中国的香港、台湾,以及英国,有一个共同的特点:它们的专业类院校培养的人才的人气、社会认同、影响力往往要比综合性大学的更高。比如,香港浸会大学、台湾世新大学、英国威斯敏斯特大学等,要么有专门从事新闻传播教育的传统,要么在传媒业界有丰富人脉,要么在培养传媒人才方面独树一帜。选择在这些学校求学进修,有时反倒要比在综合性大学的传媒专业收获会更多,也更容易快速进入媒体行业。

激情有余、专业不足的记者,是个"假记者"

曾有人问我,记者最重要的是不是采访很多名人,或者获得过很多大奖。我的回答是否定的。记者最重要的品质是要有自知之明,能够抵御外来的诱惑。"自知"中的"知"包罗万象,既有专业知识,又有待人接物的修养,还有家事国事天下事的胸襟。其中最重要的"自知",是记者的专业化,这是衡量记者有没有"记者范"的重要标志。作为一个职业,记者不光是用情绪的激化和知识的堆砌所造就的。毕竟这个世界上,激情的人、博学的人大有人在。

记者是一种社会活动的中介,是信息沟通的桥梁。只有从各方面来锻造自己的专业能力,才能成功地将自己塑造为通达四野的使者。记者专业化的第一个表现,就是要把自己对这份职业的激情恰到好处地转化为对专业知识的掌握。在现实生活中,我们身边总有一些记者,看上去很高大上,也确实基于各种机会采访过名

好的开始，是成功的一半

人、见识过大世面，但当我私下里和他们接触的时候，才发现他们离专业的记者还有一段距离。比如，2017年在河南洛阳发生一件广场舞大妈和篮球小哥抢夺场地的"劲爆"事件。有位"资深记者"站出来评论说："打篮球的年轻人，你怎么也不能上来就和大妈抢地盘啊。不管怎么样，你作为一个年轻人，也要先和长者商量一下啊。"但实际情况是，打篮球的年轻人是在和广场舞大妈商量未果，而被广场舞大爷率先动手的情况下才被迫还击的。这位"资深记者"不了解实际情况，一本正经地胡说八道，暴露了自己不够专业的新闻素养。对于这名记者而言，用不专业眼光来评论时事，也许已成为一种习惯。这就告诫我们：作为一名记者、一个新闻人，在评论时，一定要有足够客观的资料和知识储备，不能妄下结论。无论如何，不负责任的言论都没有营养、没有价值。

记者专业化的另一方面，表现在不能空有一腔热血和激情，而要切实地有所作为。前段时间，有个战地记者获得很多奖项，也成为媒体炒作的焦点。他在枪林弹雨中穿梭，收集现场的第一手资料，让我们对他产生了无比的敬意。带着这份敬意，我看完了他的现场演讲和记者手记，但对他的敬意却停留在了道德层面，而非专业层面。在西方一些发达国家，战地记者的培养是非常专业的，不仅要养成记者必备的一切素质，还要有应对紧急情形的技能——比如游泳、跳伞、射击、避枪弹击打等特殊技能，要能够在紧急的交战中发出有现场性的、有信息点的、高品质的报道，要明白如何在危难之际保留好现场并在第一时间真实地进行现场采访，要意识到战地报道时的一些基本的新闻伦理和受众心理，等等。

相较起来，这位"获奖的"战地记者的行为确实值得称颂，但值得称颂的只是他的激情和勇气以及"牺牲自我"的精神，而不是他报道的专业性——作为一名战地记者该有的专业技能和素养。

一个有激情的记者，会让我们觉得社会很暖、生活很美；而一个专业的记者，才会让我们觉得记者很伟大、新闻人值得尊重。当然，不得不提的是，记者的专业还表现在信息技术日益革新的背景下所应掌握的高新的专业技术。比如，最近流行的VR技术、人工智能技术、大数据技术等。这一部分看似和记者没太大关系，但记者应该主动地培养这种专业素养，无论是在采编还是在新闻报道方面，都应该有一个"大局意识"，将内容和技术有机地装在一个思维模式下考虑，从而让自己呈现出来的产品更具表现力、传播力和影响力。

好文笔，要有"新"和"奇"的大思路

一名记者在专业性方面的核心竞争力是什么？说到底，一个是好的文笔，一个是好的口才，当然最离不开的还是好的思维和习惯。记者的好文笔，和高考作文满分没有太多关系，和文学性满满的"大作"也没有关系。记者的文笔，主要体现在"新"和"奇"上。新，是指记者在报道和采访中，角度是不是足够新。别人已经报道过的角度，不管写得有多好，都只能算作转载，而不是创作。"奇"，也不是说记者写的东西要多奇怪、多晦涩难懂，而是要独特，要让大家"熟视无睹"的事物变得"熟视有睹"，这也是一种思维习惯。记者的文笔想要独特，就要有一颗"好奇心"，也就是人们俗称的"八卦精神"。记者需要的"八卦精神"，不是体现在"张家长、李家短"的闲言碎语中，而是表现为热爱生活，发现生活中点点滴滴的趣味，它会给记者带来很多意想不到的惊喜。

几年前，当京津冀一体化战略布局第一次走入大众视野的时候，很多媒体都开始推出相关的报道、采访和评论。编辑部有一个

新来的实习生,中文系毕业,文笔特别好。她最终被委以重任,写下了一个有关"京津冀一体化"的小短评。看完她写的短评后,我的一个同事说,写得好是好,但这样的文字似乎谁都可以写。言外之意,即没有特色。即使这位实习生文章中再多一些引经据典,这篇评论的新闻性和新颖性也达不到及格的标准。

求新求变,是记者写东西之前要想明白的一个准则。只有先用"新"和"奇"铸就一个写作的框架,接下来遣词造句的功力才会像一支尖锐的箭一样,有的放矢、直中靶心。记者要在平时加大自己的有形积淀,只有在博闻强识的基础上,才知道哪些东西是陈旧的,哪些东西还可以继续突破。记者还要注重自己的无形积淀,要让无形的一个顿悟、一个感觉、一种情绪激活自己对某些事物的新奇、独特的看法。如此,写出来的东西,才厚重,有质感。

一、好口才修炼的"秘籍":手机录像,用起来

同样地,记者的好口才和律师的好口才不同,甚至和主持人的好口才也有着不同的标准。记者的好口才,主要体现在现场的报道和采访的过程中。这就要求记者在口头表达的时候,要注重现场的"蛛丝马迹",现场捕捉一些"新""奇"的东西,通过一定的抽象思维,把现场看似零碎的东西和所要表达的主题完整、有机地串联起来。

培养记者的现场应变能力,可以用手机或其他录像设备录制一段视频,来考验自己的现场应变和语言组织能力。比如,在旅游的时候,每经过一个知名景点,我就会拿起手机,按下录音键,不给自己太多的考虑,随便说点什么,在这个过程中会有路人投下一些不理解的眼神,或者遇到新的状况,我都会"随机应变"地记录下来。久而久之,在镜头前或在大庭广众之下,我能更从容流畅地将

自己的想法表达出来。这是一个锻炼现场口头表达能力的行之有效的方法，屡试不爽。

在刚开始的时候，你可能会羞涩或是"无话可说"，可以选择待在较为舒适的环境，随便说几句。等逐渐有了一种即时表达的习惯时，就可以选择人来人往的街头闹市。在采访录制中你可以大胆地采访一些陌路人，来锻炼自己现场表达的亲和力和应变力。有条件的话，还可以将自己录制的短视频发布在抖音等短视频平台上，看看流量的反馈情况，并接受市场的检验。

二、记者的好口才，还表现在表达的口语化上

有一次，我参加了一个具有媒体吹风会性质的国际论坛，现场可谓群贤毕至、大咖云集。轮到一个业界大亨做演讲时，他掏出事先写好的演讲稿，从头念到尾。他在演讲时因为超时，被提醒了几次，因此也略显尴尬。当他演讲完，我身边的一位记者同人说，"太沉闷了啊，差点睡着。"当然，这位业界大亨的演讲囊括了不少他对现如今形势的观点，但因为是用一种庄重、工整的书面语，没有运用比较生动、鲜明、有个性的口头语言，他的观点则很容易被人忽略，无形中降低了演讲主题的关注度，也削弱了演讲内容本身的传播力。

同样地，记者在公开场合的口语表达，相比专家的发言更要注重"口语化"。口头语，不仅包括俗语、谚语、流行语，还不能忽略修辞手法。比喻、夸张、通感、打比方、举例子、具有互动性的语汇等，都可以让自己所表达的内容更抓人更简约，也更具感染力。这里不妨举一个有趣的例子。在荣获美国第86届奥斯卡金像奖奥斯卡奖最佳外语片的意大利电影《绝美之城》（*La Grande Bellezza*）中，有一句经典电影对白："这个世界上有两种东西，

关系特别紧密：男人和汤。因为他们都是热的。"比如，记者在采访体育明星时，完全可以"学以致用"——"这个世界上有两种东西，关系特别紧密：排球和咖啡，因为它们都是热的。所以，我特别想问，你在充满激情的体育比赛之余，是否还有自己的'咖啡时间'？"这一问题不落窠臼，恰到好处地将一个球星的比赛和生活联结起来。

好文笔和好口才，都渗透着一名记者应该有的好思维、好习惯，如果从一开始就没有这样的思维和习惯，就很有可能在日后的职业生涯中犯低级错误。如果从踏入记者这一行业开始，就有意识地改变思维、保持良好的职业习惯，我们所表现出来的东西——无论是文章还是口头表达，都会迈上一个大台阶，我们所展现的内容——无论是在思维层面还是生活方面，都会是个性的、丰满的，同时也是专业的、优质的。

萌新--------成长

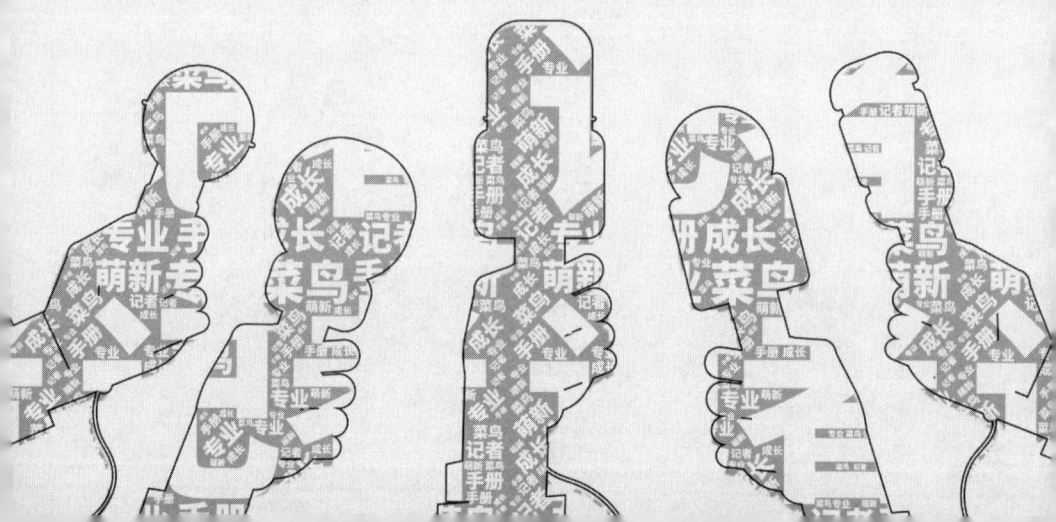

四

采访的必备秘籍

　　采访给人的感觉很神秘，似乎是一个艰巨的任务。而采访中，嘉宾的各种"奇葩"反应，也在某种程度上阻碍了采访的顺利进行。如果不是"钦定的采访"，记者所要面对的不确定性还真不少。有一次，我们一屋子记者同人聚餐，在谈到采访时，很多人都提出一个问题：同一个级别不同平台的记者，对同一个嘉宾的采访，为什么有的记者采访得就有声有色、流传甚广，而有的记者就采访得不疼不痒、没有亮点？这关键在于围绕采访方方面面的工作是否做到位了，这体现了一个采访者所具备的功力。

　　进行采访的第一步，也是最基本的一步：自我定位。在记者圈子里流传一句"铁打的嘉宾，流水的记者"，意味深长。一般地，我们会认为"铁打的"是记者，"流水的"是嘉宾，因为一个记者可以采访很多嘉宾。从对话的角度来说，记者和嘉宾应该处于一种平等的地位，记者应该表现出自己的专业素质，做到不卑不亢。从传播学的角度来说，采访本质上是一种信息收集的活动，是记者收

集嘉宾的最新动态、新的体悟和思想观点的过程,因此记者更应该成为一个"敏感的倾听者",而不是一个"喋喋不休的演讲者"。在采访中,记者应该观察受访者的一举一动,捕捉他的"话外之音",并进行适当的追问和拓展。

针对采访对象,调整采访计划

在采访过程中,我们会遇到形形色色的嘉宾。有的嘉宾喜欢说话,有的嘉宾沉默寡语,有的嘉宾风趣幽默,有的嘉宾一板一眼。面对各种各样的嘉宾,记者的"自我定位"就显得尤为关键。具体而言,记者应该针对不同风格的嘉宾在采访前制订出不同的采访计划。

- 面对滔滔不绝型的受访者,应该成就他,记者少说,让他多说。记者准备的问题要足够简练同时又要击中要害。在采访的过程中,记者还要及时调整自己的步调,观察对方在哪些方面"能说",在哪些方面"不能说",注重掌控谈话内容的均衡性。同时,滔滔不绝的嘉宾也很有可能"跑题",这时记者应及时大胆地控场。比如"李先生,您对此问题说得很精彩。我还有另外一个问题想要请教您……"这种方式,其实是在提醒受访者回到正题,不能被其"牵着鼻子走"。

- 面对沉默寡言的受访者,记者要多准备些感性的开场白,激发嘉宾的表达欲望,使其迅速进入状态。当受访者长时间不语时,记者不应慌乱,应加入一些过渡语来引导受访者:"关于这一话题,社会上存在各种各样的说法,都有道理,但又都有些片面……"另外,记者有时难免要对专家所掌握的知识结构提出一些必要的质疑："您在这方面确实很有研究，但是有些人对其提出一些质疑，比如……"这样，再沉默的受访者都会利用难得的采访机会，来尽力澄清他的观点，采访便可更为顺畅地进行。

- 面对说得很有道理，但语言晦涩的受访者，记者可进行适当的引导和示范，这样能够有效地将对话持续下去。"王先生，您说得很好，但大家似乎没有听得太懂（此处可以缓解谈话'干涩'的气氛）。如果您能再总结概括一下刚才所说的，相信大家会更清楚一些。"晦涩难懂，可能是因为谈话涉及一些专业话题，比如经济、金融、法律、医学等领域，这个时候，记者要及时出面，将复杂的东西简单化、通俗化、大众化。"您刚才提的这个概念是什么？"记者可以利用故意的重复或强调，让受访者把复杂的东西讲清楚。

- 面对喜欢说段子的受访者，和气场足够强大却没有将话题进一步推进的嘉宾，应该采取"降温"或"缓解"的谈话方式。"您的段子太有意思了，但我还是特别想知道，您对这个问题是否有自己的态度。"这会让讲段子的受访者意识到，自己谈了半天段子，也许是言之无物。这样的发问，也激发出受访者隐藏于心的观察和想法。对于气场足够强大的"名人"，他们每说一句话，都足以震慑全场。这让采访看起来很"权威"，但可能导致记者的角色不能充分地介入，从而导致受访者"一言堂"的演讲模式，而非对话模式。"您说的这点，我高度地和您保持一致。但我想知道……"（就另外一个话题展开讨论）记者可以在这个过程中，适当地穿针引线、牵引话题，让强大而严肃的气场"鲜活"起来，不要使双方的对话陷入"你多言我无语"的僵硬的气氛中。

联系"目标嘉宾"的"妙招":"以小见大"

对于很多刚走向职场的记者而言,如何联系受访者,是采访过程中的重要一环。因为,采访是记者和受访嘉宾共同参与的一个话语生态,只有记者自己"着急上火",而"目标嘉宾"却无动于衷的话,整个采访可以说是"失败了一半"。对于一个职场新人而言,如果能在较短的时间内采访到业界名人,无疑对自己各方面的能力都是一种极大的锻炼和提升。如果是街采的形式,记者联系"目标嘉宾"相对容易一些。街采本身的"魅力"在于受访者的不特定性。随机找到的"一拍即合"的受访者,会增加街采的吸引力。除了与街采类似的采访类型,"目标嘉宾"的选取是一个绞尽脑汁的过程。对于一个有主题的采访而言,目标嘉宾的选定直接关系着采访本身是否具有足够的公信力和影响力。

所谓"目标嘉宾",是指那些与预定采访主题相一致的受访者。他们或者是专家学者,或者是影视体育明星,或者是在网络上有一定名气的"意见领袖""流量达人"。这些人的生活处于高速运转的节奏和状态,想要和他们达成一定的"采访契约"似乎并不容易。其实,"目标嘉宾"的选定要秉持一个原则:选最合适的,而不是"最好的"。假如一个中小型的公司要做企业文化活动,想找一个在文化方面"才高八斗"的嘉宾,可能会第一时间想到中央电视台《百家讲坛》节目上的"名人专家",但联系这些名人,要么"石沉大海",要么"一波三折",无果而终。在这种情况下,记者应果断地选择自己公司所在地的专家学者。他们或者来自省、市等高校,或者是在地方有相当影响力的"文化名人"。他们的知名度也许不像想象中的那么高,却在一定的地域内发挥着无可替代的作用。同时，从他们自己的意愿而言，为地方公司做一些贡献，会产生极大的成就感，是一件很值得参与的事情。面对记者的采访邀请，他们一般都会欣然允诺。

一、名人采访，如何邀请更省时省力

对于有一定社会影响力的媒体，如何说服具有话语权的名人接受采访，其中的渠道有哪些？比较有效的方式可以归为以下三种。

一是通过既有的人脉资源来拓展。一些平台本身就有一定的名人资源，这些资源是既有的，但也不是一成不变的。聪明的记者，可以先联系名单上的名人，在与其交往比较顺畅的情况下，再适时向其提出采访其他专家的需要。人际传播的方式，可能相对需要耗费一定的时间成本，却是最稳健、最踏实、最具有可信度的方式。当然，在条件成熟的时候，不同的机构和平台之间的记者和新闻工作者，也可以通过一些正式或非正式的交换机制和具体渠道，来共享名人资源。这需要共同分享的机构之间有确定的类似法律条文的东西加以确认，并形成各方充足、长期的信任。

二是通过网络平台进行挖掘。我在这里想要强调的是"趁势而为"。同等情况下的嘉宾在选择的时候，首先要看谁更"被需要"。举个例子，基于工作的需要，我需要选定A明星和B明星，这两个明星都很有名气、很有影响力。但是，B明星最近的新书刚发表、新片刚发布，或者他现在处于舆论的风口浪尖，需要一个合适的平台来"发声"；或者他现在正在参加一个重要的活动、体育赛事等，需要提前在媒体上增加自己的"出镜率"。那么在这种情况下，即使我所喜欢或欣赏的名人是A，也要优先选B。为什么？因为这样的选择更现实，更有噱头，更能"因势利导"，将对方的需求和我的采访主题实现一一对应。我在实践中约请名人的经历也

屡次证明,这样对名人选取的思路和方式,会无形中提高受访命中率。

那么,网络平台应该如何利用呢?第一,如果这个名人有新书,记者可以通过出版社编辑部老师得到名人的电话,然后通过电话进行确认,再发送电子邮件。邮件内容应当包括采访背景、采访请求、采访提纲、机构简介等消息,这些信息需要做到简洁而具体。第二,一些名人的微博或个人主页上面有他们经纪人或者是秘书的电话、邮箱。一般留下联系方式的名人,就属于上文所提及的"被需求"的嘉宾,他们一般是在媒体业务方面有自己特定的需求。第三,名人有其所属的单位、公司或是工作室。可以先联系到这些目标嘉宾所在的单位,单位官方网站上一般可以找到相关的联系方式。

三是通过一些线上或线下的活动,来营造一种"现场的偶遇",在不经意的交谈中实现独家专访。条件允许的媒体,可以关注目标嘉宾近日的行程。对于线上活动,可以先向活动的组织者自报家门、说明意图,寻求他们的帮助。线下活动,操作的空间则会更大一些。比如,目标嘉宾在某日去某某酒店参加一次发布会,记者可以提前赶到现场,虔诚地邀请目标嘉宾接受采访。在公开场合露面的嘉宾,他们的新书、新片、新状态、新思想等都有可能以报道采访的方式传播出去,在特定的场合下,这些目标嘉宾更能感受到自己"被在意"和"被关心",所以他们会友善地对待现场的记者和新闻工作者。友善的态度会直接成就友善的允诺。一旦目标嘉宾表露出"YES"的情绪,记者就可以更为大胆地促成这样一次采访。对于不同的媒体,现场采访的模式也会有所不同:有口头采访需求的,记者可以直接拿着录音笔,就自己所关心的话题进行现场采访;对于有书面采访需求的媒体,记者就要借助电子邮件、微信文件等方式，拿出一个字迹工整的、正式的书面采访邀请函给受访者，并在口头上再次表示自己的荣幸和感激。

二、文字采访、面对面采访，该如何自由切换选用

采访的形式有很多种，大多数采用的是文字采访和面对面采访。文字采访主要基于以下两种考量：一是采访的话题比较庄重。比如中共中央的重要会议、中国经济展望等议题，这些话题牵扯重要人物、重要讲话等信息，记者可以在文字采访中得到第一手的、较为严谨的信息源。二是节省效率。比如我在北京，而受访的嘉宾在纽约、在巴黎，如果要等到嘉宾有空，采访事宜就会一拖再拖，影响采访的时效性。在这种情况下，文字采访就派上了用场。

文字采访需要注意采访背景的交代，它彰显了一个平台的专业品质，受访嘉宾也能从中看出采访的主基调。需要注意的是，文字采访函的背景不应该成为"套路"满满的"八股文"，不到万不得已的时候，最好不要用。采访背景要有问题意识，行文流畅，要有基本的逻辑主线，同时要将采访的问题换一种表述形式，以高度概括的行文风格表述出来。

除了要凸显采访背景，文字采访提纲应包括以下要素：采访的问题、文字回复的手段（比如，通过微信回复，还是通过邮件回复，还是其他）、每个问题文字回复的大概字数、文字交稿的时间，以及机关单位、公司或媒体的简介，记者和对方的联系方式等。职业的记者，并不应该在给受访嘉宾发完电子邮件之后就抱着万事大吉的心态，还应该在截稿日期之前，友善地通过受访者所留下的联系电话直接与其联系，确定文字回复的精准时间，让文字采访的后续对接更有保障。

面对面的口头采访，主要针对的是时间相对宽松的嘉宾，或

是在会场遇见的嘉宾。其实，按照常规的思路，口头采访之前，也应该给目标嘉宾一个文字类的采访提纲，这个提纲可以参照文字采访，也可以比文字采访更简约，但关键的信息点——比如，采访问题、采访的时间和地点、自己和对方的联系方式等，是一定要保留的。在与受访嘉宾确定好地点后，如果不是自己公司或学校所在地方，一定要提前做好奔赴现场的准备。因为一般受访嘉宾的时间是较为宝贵的，他们答应接受采访，并不等于会很友善地配合，也许对方除了采访还有其他重要事情的安排。如果记者因为地点不熟悉而迟到的话，一般会影响甚至中断一段难得的采访，得不偿失。

口头采访，又叫面对面采访，这需要记者在服装、手势、表情等非语言符号的把握上从容自信，争取营造一种良好的对话气氛。在西方，口头采访还有一个比较流行的形式，就是"体验式采访"，也就是说，记者不会和目标嘉宾"傻傻地"坐在固定的地方聊天，记者会走进受访嘉宾的家里、工作现场、喜欢的高尔夫球场、经常光顾的公园等地方，以边体验边对谈的形式，来更真实地还原受访嘉宾的生活和想法。这种更立体化的面对面的采访形式，被中国逐渐地引进，并逐步完善。这种方式更适合电视、视频媒体和一些不吝展示图片的纸媒。

采访主题确立的两个思路："人"和"事"

对于长期从事采访的"老司机"记者来说，有时采访的难点，既不在受访嘉宾的选取上，也不在现场采访的时机上，甚至不在于采访问题的创作上，而在于采访主题的确立上。采访主题的确认，事关采访的灵魂，它是让采访焕发生命力的重要因素。如果没有一个明确的采访主题，采访就会沦为漫无目的的"唠家常"。看似

"聊"得开心,其实没有内容,无形中就会浪费一次和受访嘉宾近距离交流的机会,也让采访的意义减退几分。

采访主题的圈定,有两种主要的思路。一种侧重"人",即围绕人物来展开,通过挖掘人物背后的故事,来确定采访的题眼。但对于一个知名人物、传奇人物,他背后的故事有很多,人生每个阶段都有很多可以谈的"点",那么,我们如何能精准地确定采访主题呢?这需要记者以观众的角度,来判断近段时间以来社会各界对这一目标嘉宾所"共同关注的命题",从而能够激起大众的兴趣。另外,记者还要将眼光转向他的受访嘉宾,通过他的微博、博客、微信、脸书(Facebook)等社交平台,概括和罗列出他近来的"关键词",围绕这些关键词确定一个主题,也不失为一种应急而有效的方法。

采访主题确定的另一种思路,则是围绕"事"。记者可以以一个重大或热门的新闻事件为切入口,找寻与这一事件相关的人物来进行深入的对话。一个新闻事件,一般要从它发生的背景、原因、过程中所呈现出的亮点、最后的结果以及产生的影响等方面来寻求灵感。对事件采访主题的选择,切忌面面俱到、蜻蜓点水,要注重挖掘对话的深度,要让话题有着力点。在这一类型的主题确立上,记者更要突出特定事件所表现出来的"最令人匪夷所思""最有意思""最有里程碑意义"的"点",然后将其和背景、原因、亮点、影响等要素结合在一起,形成一个有新意、有思想的角度,进而将其选为最终的采访主题。另外,一个事件的发生,绝对不是唯一的一个领域内的事,还牵扯其他领域。记者在确定事件采访主题的时候,要兼顾不同领域的要素,并基于此,选取不同领域的受访嘉宾,形成一个对事件综合性、客观性的访谈和探讨。比如,有关2017北京"一带一路"峰会事件采访主题的确定,如果不是受指定

任务所限的话，就不应该把思维局限在"经济""政治"或"国际关系"的某一方面，而是要将尽可能多的领域容纳进主题策划的思考范畴，并有意识地顾及每个相关领域的专家学者，让来自不同背景的多元声音被大众听到，也让采访主题更有辐射力、感染力和渗透力。

采访中遇突发状况，记者如何从容"控场"

采访最大的魅力，莫过于记者是否成功地应对了采访进程中所存在的一些不确定的突发状况，这是考验记者采访功力的重要标准。采访的过程在很大程度上决定着采访的质量，如果记者在采访中不能从容地掌控现场的流程、不能及时应对现场所发生的不确定事情，那么这个访谈就可能被打断、被破坏。采访现场，最容易发生的不确定的"尴尬"，就是记者无法有效地控场，这种情况有如下几种。

- 目标嘉宾说了很多，但记者不知都说了什么，感觉自己处于混沌不清的状态中。这一般是在什么情况下发生呢？一是记者刚进入职场，可能见到了一个"仰慕"已久的名人嘉宾。在经过眼神交流之时，"青涩的"记者一时半会儿难以平静，等平复过去，对方已经回答完了。记者要在采访前告诉自己，采访其实是一个博弈的过程，你越"老实"，对方就越"不老实"；你越不卑不亢，对方反而越有可能将他隐藏在内心深处的"真心话"都告诉你，这是从采访中双方博弈心理的角度出发的。如果从记者的角色定位出发，记者在访谈中应该充当一个客观的"中立者"，不管遇到什么样的名人，记者面对嘉宾的首要任务，不是仰慕，而是聆听、记录。记者要在采访的过程中，保持冷静的头脑，要学会以一种高度概括的思维能力，将对方所说的"一大堆话"静静地归结为"一个概念""一种观点"。必要时，可以记在纸质的本子上，在"采访真空期"和事后的采访整理中，能及时地提醒自己对方谈话的要点。这里所说的"采访真空期"，是记者在采访中会经常遇到的一种情形。它是指嘉宾在流畅回答过后突然"欲言又止"，或者一个问题回答完毕之后嘉宾等待记者提出下一个问题的空档期。

- 目标嘉宾较有名气，气场强大，记者对其说的每一句话都"好言以对"，没有很好地让采访的主题凸显。很多记者似乎有这样一个感受，在采访一些业界大咖时，所谓的采访，被演化为名人的"一言堂"。嘉宾要么是以一种非常坚定的语气，一直按照他的逻辑来说，要么以一种"记者不是很懂，还是自己来说吧"的心理，来进行一次专属于自己的"脱口秀"。记者遇到这种情况，不要特别紧张，要敏锐地从嘉宾滔滔不绝的陈述过程中，捕捉到一些有效信息。比如，某些嘉宾讲话过程中，迷离的眼神暴露出他语气上或表达上的不确定，应立即记录下来，等待对方整体回答一个问题之后，迅速地提出"不好意思，张先生，您刚才提到一个观点，其他专家和您有不一致的声音""我们是不是可以换一个角度来探讨下这个问题，比如……"这样一来，对方的气场即使再强大，也会顾及来自记者质疑的声音。记者将采访之前所预设的问题和主题进行适时的介入，也可以锻炼自己在访谈中的控场能力。

- 记者照本宣科地将其准备好的问题问完之后，还剩余一些时

间,不知如何填充。有一些记者非常严谨,他们会把事先准备好的问题背得滚瓜烂熟,以期在采访现场中"一气呵成"地将问题问完,采访节奏也进行得很快。可是快到采访结束时,记者才发现,还有剩余时间,不问就太浪费;问的话,又不知从何开始。这时候,记者的眼睛就要活络起来了,要在现场关注一些"有意思"的画面,并进行及时而大胆的提问。我记得,在我入行不久采访一位高校教授的时候,问题都已顺利地问完,但还有一些时间可以利用。我环顾四周,在这位教授的桌头看到一本书,还有个书签夹在书中,我就判断,这个教授肯定是在接受我采访之前看了这本书,而这本书和我们的采访还有着很大的关联。于是我大胆地问道:"H老师,我看见您的桌头摆着这本书,您觉得里面有哪些内容,可以进一步佐证您刚才所提到的观点呢?"果然不出所料,这位教授临时地将这本书的基本框架、对他产生较为重大影响的观点,都一一地说了起来,不仅让剩余的时间不那么尴尬,还使我的采访得到了一个全新的角度和额外的惊喜。

- 采访现场会突发一些情况,记者不知该如何"接招"。具体来说,比如在采访现场,嘉宾的手机突然响了,不要慌张,要第一时间说出"没事,王女士,您先接电话"。对方有可能不接电话,表示继续接受采访,这时记者应该说句"谢谢",传达一种友善和耐心。如果对方接了电话,记者也应该表现得不急不躁,可以浏览下笔记本,看看刚才的谈话记录,时刻让自己保持一种谈话的状态。总之不要让自己一直盯着接电话的嘉宾,这样既显得不礼貌,也会让对方比较尴尬。

记得有一次，我采访一个嘉宾，在我顺利提完问题该他回答时，不知怎的，他突然闭着眼睛和我说话，语气显得很慵懒，也很敷衍。人在没有眼神接触情况下的交流是干瘪的，我看不到他的眼神，没有一个交流的情境；而他闭着眼睛，东一句西一句，采访因而不能顺利地按照我预设的主题和节奏来进行。在这个时刻，我关心地问道："甲先生，请问，您的眼睛是不是不舒服，最近天气干燥，平时可以用毛巾热敷下眼睛，比眼药水效果都好。"只见他睁大眼睛，吃惊地看了我一眼，随即说道："没有，没有。就是昨晚没睡好，有点疲乏。"我们相视一笑，之后的采访，我们不仅有了眼神的交会，他也打足了精神，侃侃而谈，顺利地结束了我的访谈。突发情况其实并不可怕，我们不要想当然地以为这些突发情况就是针对我们的，而是要带着一颗善意和宽容的心，并用得体的语言表达出来，一一化解采访中的很多突发的尴尬，同时也增强了记者在整体访谈中的成就感，体会到采访原本的快乐。

萌新

成长

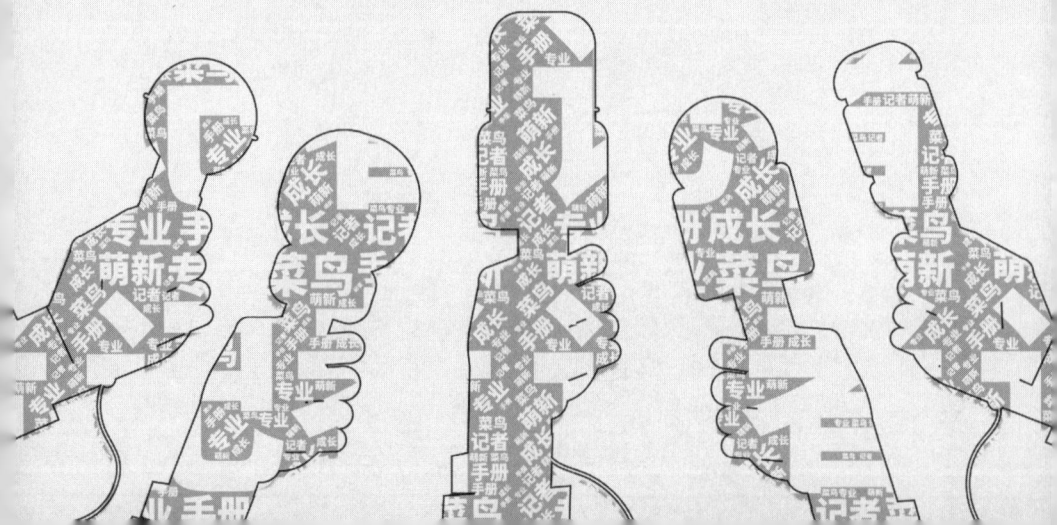

提问的艺术

在某年电视台举办的一次颁奖仪式上,有个主持人在采访一名体育明星前,说了一句:"接下来,我想要问一个好问题。"此番言论在当时的微博圈引来网友唏嘘:"您这问题还没提呢,自己就觉得是好问题了?"可见,一个好问题不仅是媒体博人眼球的"撒手锏",也是检验记者在关键时刻能否"派上用场"的一大法宝。

问题好不好,要拿到现场去检验

提一个"好问题",是记者的天职,无形中也成为令记者头疼的"难题"。对于记者而言,在公开场合下提出问题,看似风光,其实真到现场去提问,并非每个人都能从容不迫。记者能否在现场、在有限的时间内,提出一个个让人称绝同时也使受访者乐于回答的"好问题",这绝对非常考验功力。

那么,什么样的问题才算得上好问题?需要强调的是,好的

问题,没有标准。它没有"放之四海而皆准"的标尺,无法具体量化哪个问题提得好、哪个提得不好。因为,采访有个非常重要的特点——现场感。除了那些提前做好安排的采访,无论是现场采访还是书面采访,一个好的问题,要注重采访现场的种种状况。在采访现场,记者所面对的受访者的状态是不同的,而受访者在不同场合、回答同一个问题时的情绪也是微妙的。因此,也许在这个现场被人称赞的"好问题",到了不同的现场,就不一定会产生那么"好"的效果。

可见,一个问题好不好,不完全取决于事前的准备是否充分,而取决于所收到的实际反馈效果。面对各种各样的情况,记者永远不要苛求自己在采访之前提出"好问题"。好问题是在现场要素的激发下,组合拼接得好。换句话说,一个问题没有"好效果",它就不是一个"好问题"。好问题是具有结果导向性质的,所以不到现场检验的那一刻,记者不可早早"王婆卖瓜"地"吹嘘"自己的问题有多"好"。

一、好问题都长什么样

概括地说来,好问题的"好",可以分为两个层面:一是状态层面的"好",即好问题应该是什么样的,它应该以什么方式来呈现;二是表现形式层面的"好",好问题应该以一种什么形式表现出来。那么,好问题都应该长什么样?我把它们归类为以下几种情况。

- 一个好的问题,首先是依照现场的气氛凝练出来的。这反映出记者对于新闻现场的一种把控和思考的能力,也形成了记者的新闻敏感度,也叫"新闻嗅觉"或"新闻直觉"。

五 提问的艺术

在采访中，记者不应该对周遭完全置之不理，照本宣科地提出之前准备好的问题。这样的采访看似万无一失，却不具有新闻性和现场感，也不会让采访收到意想不到的好效果。在一次政务类型的新闻发布会上，一位记者同人向政府官员提问："中国只有办大事的能力，却没有办小事的功力，请问……"没等这位记者问完，政府官员就打断他："这位记者，谁和你说的中国没有办小事的能力了？"这一反问，打破了现场的安静，让那位记者很是尴尬。记者顿了顿，说道："这是达成共识的，我上次参加一个某某会议，有位权威学者提出来的……""我不管你们怎么达成共识，但中国没有办小事的能力这个观点我不接受，所以很遗憾，我也不能够回答您的问题。"采访戛然而止。记者在事后还特别"委屈"地提及这是他在充分准备后才得出的结论。其实，在我看来，采访之前的准备固然很重要，但采访现场的"察言观色"更为重要，对采访的现场进行一个客观、冷静的了解，并在此基础上调整自己已准备好的观点、问题，很有必要。否则，不同的语境、不同的谈话气场，会让自己一成不变的观点变得不合时宜，不堪一击。

- 如果一个问题大家都不关心，即使记者在这方面"很有料"，也不会收到好的效果。记者虽然不是政府机关的工作人员，但他的天职之一，就是兼济天下，要有为百姓发声的责任意识。同时，一个好问题，应该撇开记者"小我"的知识架构和关注习惯，应该扩散到大众中间，唤起大家共同的关切和期待。无论是针对国际时事还是国内热点，一个问题，如果反映了老百姓的心声，帮老百姓答疑解惑了，

就会有人"围观"。"近来,大家都特别关心……"以这样的句式作为开头,很容易吸引大众和受访者的"双重注意力"。

- 如果在一段访谈中,受访者讲得很尽兴,或者受访者会在问题提完之后,真诚地附加一句"这是一个好问题",那就说明,这个问题已得到对方(而不是自己)的充分认同。一个好的问题,如果做不到让所有人都感兴趣,至少要做到让受访者本人感兴趣。这会打开受访者的"话匣子",让采访的过程变得很顺利,而受访者也会在一个相对愉悦的谈话气氛中,表达出自己独到的观点。一个问题如何能让受访嘉宾感兴趣?其中一个比较管用的方法,就是在采访之前,能够去受访嘉宾的个人社交网络平台,浏览他曾发表的文章、写过的状态以及他在接受其他媒体或做客其他节目时所留下的值得挖掘的地方,等等。这些都可以成为一个"好问题"的灵感。

- 问题从表面上看,是记者好奇心的表现,是记者提出的一个疑问,其实也代表着记者所持有的观点。"请问,近年来中国政府应该采取哪些措施,才能将中国的经济增速进一步地提升?"这个简单的问题背后,其实蕴藏着一个观点:中国近些年的经济增速不如前些年高。基于此,一个好问题,背后应该蕴含着一个"好观点"。好观点不是凭空从天上掉下来的。一个观点好不好,要看其所支撑的论据充足与否。这里的论据,其实就是记者在采访前所做的功课,以及记者在平日生活中的积累。在采访中,记者应该自觉地将自己所积淀的东西和现场所发生的事情紧密地结合起来,挖掘出受访者真正"欲言又止"的"表达穴位",让他在其他场合想说又"止住"的观点，通过记者问题的引导，得以释放、宣泄和完善。

- 在一个完整的采访中，一个好问题，往往并不足以成为访谈顺利进行下去的充分条件。好问题，有时候是一连串的，是要有一定的逻辑和层次的。因此，"连环"的问题，也应成为记者要着力在意的一个方向。因为连环问题，是一系列的问题，所以记者的每个问题都要经过精心琢磨，要侧重不同的角度，防止同一个角度多次出现。要注重逻辑主线，也就是我们在前文所说的采访主题，要让系列发问的每一个问题都在逻辑的层面上和采访主题环环紧扣。这样"化零为整"的问题设置方式，就会将每一个看似分散的问题用一条无形的线串联起来，还原对话的完整性，增强访谈中你来我往的融洽气氛。同时，在连环提问中，记者可以利用"追问"这一豁免特权，让受访者想说还没说出来的话完整地呈现。追问要及时、有效。在访谈中，记者如果感受到受访者只是"说了一半的话"，或只是说了一个新的观点，但还没有解释，就可以大胆地行使自己的"追问豁免权"，以期从受访者那里获取更为完整的信息。同时，记者的追问要得当，不能什么时候都去追问，滥用自己的"介入权"，导致人为干涉的痕迹多，也会让受访者没有想要表达的欲望，破坏了正常的交谈愉悦感。

- 当记者用一种逻辑发问了一段时间之后，发现谈话没有太多实质的进展，不妨采用"逆向发问"的思维，让好问题以一种别样的形式表现出来。前些年，我在加拿大交流学习的时候，要完成一个短视频的街头采访。当时，我走到温哥华的街头，向一位金发碧眼的女生问道："你在温哥华最高兴的

一次经历是什么？"对方秒回为："我没有最高兴的经历，我在这里所有的经历都是高兴的。"我没有中断访谈，而是转换思路，继续问道："那么，请问你在这里不愉快的经历是什么？"谁料她脱口而出："我和我谈了五年多恋爱的男朋友分手了，这里记录了我太多的回忆。"我转而说道："所以，你在温哥华最愉快的经历，是找到了你的爱情。"她用一种特别奇怪的眼神看着我说："是！"接下来，她的话匣子就被打开了，主动聊了很多有关她在这座城市的情感生活。另外，逆向发问的常用句式之一是："如果……会怎么样？"这个句式是一种假设的逻辑关系，记者可以运用反向思维，让谈话充满另外一种可能性。在一些访谈中，逆向思维具有一种神奇的魔力，它会让访谈不致陷入"无药可救"的僵局中。记者也可在此过程中找到另一种解决路径，收获意想不到的效果。

- 好的问题，不完全是一种"你好我好大家好"的"你问我答"，还有可能是怀有某种"对立态度"的质疑。当然这种质疑应是善意的、富有建设性的。面对一个某知名公司的老总，如果只是以"王先生，您好。请问，您如何看待……"为问题的话，即使对方回答，也不会特别精准地直中问题的要害。如果以这样的形式发问："王先生，您好。贵单位一直倡导……的理念，但您这次公司所实施的措施，似乎有违你们一直提及的准则，您不觉得两者存在矛盾吗？"这样相对尖锐的发问，会让受访者有种急于表达的冲动，而在冲动的表达中，受访者很容易说出他"藏在肚子里"最想表达出来的言论和观点。指出一种矛盾的现象，以此来发问，如果这种矛盾确实存在，它可以获得受访者最真实、最深刻、最重要的表述；如果这种矛盾不存在，受访者也可以借助媒体采访的时机，进一步地澄清或是辟谣，无论如何，都可以在一定程度上激发起受访者的表达欲望和兴趣。当然，记者对于"矛盾"的选取，要合理、得体，否则再经过精心设计的问题，也容易遭到对方的诟病。

二、如何表达更有效

谈完"好问题"的第一个层面，下面来集中谈谈"好问题"的第二个层面，即好问题应以什么样的形式表达和呈现出来，这对于问题的表现力和传播力同样很关键。

- 好的问题要以一种简单、通俗的方式，顺畅地表达出来。林林总总的采访现场有很多不确定的具体情况，好的问题也有各种各样的表现形式。记者的发问，本来是考验记者能否以一种新闻的视角，在短时间内直击要害，而这一功力也必然要求记者在有限的时间内，让受访者明白问题是什么，记者最想要知晓的那部分是什么。基于此，受访者就可以在采访现场短短的几秒内，形成一个大概的谈话框架，从而有利于"问与答"的双向互动。但在现实情况中，发问者往往会基于各种考量，在发问环节加大自己对某一问题的描述比例，这会让受访者不知所云，也会使在场观众产生"厌烦"的情绪。有一次，一位国外的业界翘楚来到北京某高校演讲，演讲结束之后有一个例行的提问环节。有位同学站起来，在介绍完自己之后，就开始了一番旁征博引。这位同学直接被那位专家所打断："这位同学，您是来做演讲的吧？"现场哈哈大笑之后，这个问题当下被新的问题所取代。简要的发问，不光是记者，也是一个发问者最基本的提问能力和礼仪。

- 好问题，要有一个"小切口"，要体现出记者以小见大的思维。我们经常听到一些记者提问："请问，您对这个问题怎么看？"在面对这样的问题时，如果你是回答问题的受访者，你会怎么回答？很多人可能会跑题，也可能会"不知所云"，因为这种问题设置的框架太大了，人们的回答也会很随意。记者的发问，虽然可以通过开放性的问题获取所需信息，但对于一个重要的、专业的访谈场所而言，"以小见大"的提问方式，能凸显其对某一问题的独特看法。比如，当记者看到一个忙着收割庄稼的农民，不是着急地问："你幸福吗？"而是问："大爷（或大娘），我看你额头上都冒汗了，但您还是满脸笑容，能和我们分享下您的快乐吗？"记者将这样的一个现场对父老乡亲表情的捕捉，加入采访的问题中，就会让问题显得温情而饱满。试想一下，如果农民老伯在听到记者的问题后，只回答道："幸福。"记者的采访就会戛然而止，无法吸引人们的注意。

- 在现场提问时，记者还应注意就不同的气氛，做出适时的调整。这些调整不涉及语言和提问技巧，但也是访谈的一部分，是记者提问能力的一种无形的呈现。具体而言，在一些文化、传媒等"软性话题"的访谈中，记者不妨把自己当成是对方一个"很知心"的朋友，让对话状态进入一种"动之以情"的情境中。记者要少说，善于倾听对方"话里的话"，并与对方进行眼神的交会，营造出一种轻松、和谐的谈话气氛，让对方有说话的欲望。而在另一些与军事、政治

等"硬性话题"的访谈中,为了配合专家理性的思维模式,记者应该迅速切换到一种"晓之以理"的情境中。迅速调集自己的理性思维,在现场尽可能多地发掘受访者更多有说服力的论据等资料,更强有力地佐证他在访谈中的观点。在遇到有争议的观点时,记者可以向受访者进行一些合理的质疑,运用辩证的思维与受访者进行合情合理的探讨,将话题进一步深化。这样的访谈无疑会对大众产生启发,也更容易受人们的青睐。

如何避免提出"坏"问题

好问题的对立面是坏问题,即使在一个"无功无过"的采访中,坏问题也会让采访功亏一篑,是采访环节中致命的短板。

- 大而空的问题,不仅让记者无法精准切入,话题无法就一个主题持续下去,而且会让受访者无所适从。这里面所说的大而空的问题,不能和开放性问题画等号。一方面,开放性问题,一般是在访谈将要结束的时候提出来,通过畅想的形式,能给话题一个未完成的谈话气氛;另一方面,开放性的话题,多用于调节谈话的节奏,或是用来烘托气氛。无论是哪种方式,开放性话题都在一定程度上起着营造气氛的效果。而大而空的问题,如"你吃了吗"一样,简便而固化,会让受访者的回答千篇一律。"你对这个问题怎么看?""此刻,你有什么想法?""你有什么要和大家分享的吗?"除非在一些较为紧急的场合,这一类问题都要谨慎

地提出。即使情况紧急，比如受访者在机场，准备坐飞机去国外开会，会议的主题是有关中国奥运会申办的情况，记者想知道我们中方准备得如何。在这种情况下，记者就不能用"对中国奥运申办，您有什么想法"等问题来"节省时间"。可以换一些问法，比如，"请问，您的飞机落地以后，您第一时刻准备做什么"等。这样简短而具体的问题，会让受访者在有限的时间内给出更有分量的答案。

- 那些被反复套用过的问题，虽然可以"屡试不爽"，却不能让受访者和大众"耳目一新"，从而让采访的初衷"大打折扣"。这种模式化的问题，不仅容易发生在职场新手身上，也容易在一部分资深记者身上出现。前者是因为经验尚不足，怕问得有失水准，于是依葫芦画瓢，将前辈记者过去提出多次的问题直接拿来使用；而后者则是依据自己常年来所积累的经验，企图玩转整个访谈过程。其实，对于模板问题，记者准备起来很容易，受访者回答得也轻松，但是大众一般不会太关注这些"套路问题"。虽说，模板性的问题可以在某种程度上保障谈话的顺利进行，但是会让采访变得索然无味、毫无新意。"这件事情，有哪些新特点？""您如何看待这个事件所产生的影响？""这件事情背后的原因是什么？"类似这样的问题，可以保留"必问选项"，但若有其他新问题作为备选，这样的"套路问题"少问为宜，或是进行转化。比如，"造成这一问题的原因有很多，但其中一个看似与此没有必然关联……"这样的提问更有深度，更具延展性，要比干瘪地套用模板更具有创造性和开放性。

- 在采访的开场白中，记者滔滔不绝地进行演讲式的采访，会给受访者一种"坏印象"。发问者想向在场的所有人展示其对某一问题的较为系统的看法。但采访毕竟不是探讨会。记者观点性的思考应该转化为一个个简练的问题，第一时间让受访者明白。需要强调的是，记者提问过后，受访者将进一步对记者的问题进行阐述，这时采访的重心就已从发问者转移为受访者，记者的提问要给足对方回答的时间和空间。同时，如果发问者对受访者阐述的观点并不满意，可以通过现场适当的追问、事后采访等形式来进行补充。

- 缺乏常识的"随意发问"，也是经常被人诟病的，这表现在很多非正式的访谈中。比如，访谈有可能安排在一个比较休闲的度假村。记者和嘉宾坐在一起，想营造一种不那么生硬的谈话气氛，虽然神情是放松的，但思维不能放松，不能因一时兴起，就提一些不合常理的问题。而在正式场合下，"不过脑子"的问题更应避免。记得在一个新书发布会上，记者问作者："我读过您的很多书，非常敬仰您。请问您这次的新书要向大众透露出一种怎样的基调？"这个问题似乎没有什么毛病。没想到，作者说："你读过我很多书。你确定吗？我记得我只在某某年出版过一本书而已。"会场顿时唏嘘不已，好在有主持人的暖场和解围，大家在笑声中略过了此事。记者在采访前要做大量的功课，但也会有"常识盲区"。在这种情况下，记者要谨言慎行，切忌头脑一热就问出一些"奇形怪状"的问题。

- 当一个问题本身的构思和文法没有问题时，记者就要多注意它的逻辑是否有问题。在很多时候，记者会在提出问题之前说一些引语，让嘉宾很快进入谈话的状态。我见证过一位记者的提问："王先生，您好。西方有句谚语叫作'激情超不

过两次月圆的时间'。您现在对此次公司的战略有哪些自信和激情的地方可以展现出来呢？"她话音刚落，就引来了很多人的笑声。细究起来，这位记者想表达的是"空有激情，是不够的"，但这位记者的提问却前后逻辑不通，所引用的和所发问的，不是同一个意思。另外，记者在提问的时候，会进行一些假设，通过"反问法"引导受访者。但如果假设本身不符合逻辑，就会让问题无效。比如，记者采访一位即将参加某大循环赛中第一场比赛的体育明星。记者在现场发问："假如您此次比赛赢了，您想对第二名的选手说什么？"从逻辑的角度来说，第一场比赛只是整个循环赛的开始，接下来其实还有很多其他的比赛和对手。虽然它很关键，但并不意味着打赢了这场比赛，就能得第一了。面对这样毫无逻辑的问题，受访运动员也只能应付了事，访谈本身就缺少了许多实际意义。

- 记者要依据具体的采访现场，围绕采访的主题和事先所草拟的采访提纲进行发问，最好不要"节外生枝"（当然，这并不适用于本身就定位于"漫无目的"的访谈形式）。有些时候，一些"坏问题"就等同于"傻问题"。比如，在一次歌手歌迷见面会上，采访主题定为《那些年，我们唱过的那些歌》，主要是为了让歌迷和歌手通过回顾历年大家所熟知的歌曲，来唤醒大家的集体回忆，促使受访歌手谈谈有关"创作"、有关"音乐"的那些事。谁知，会上的一位记者竟然问歌手："我和您的歌迷，都特别想知道您的第二个男朋友谈得怎么样了？"问题刚问完，就听到现场有歌迷气愤地说："我们不想知道，这样的问题好庸俗。"遗憾的是，这位记者难得的采访机会就这样被剥夺了。也许，有些与主题

无关的"八卦问题",能起到调动现场气氛的作用,但如果不围绕采访主题来谈的话,提出的问题就显得不合时宜,会贻笑大方。

萌新
——
成长

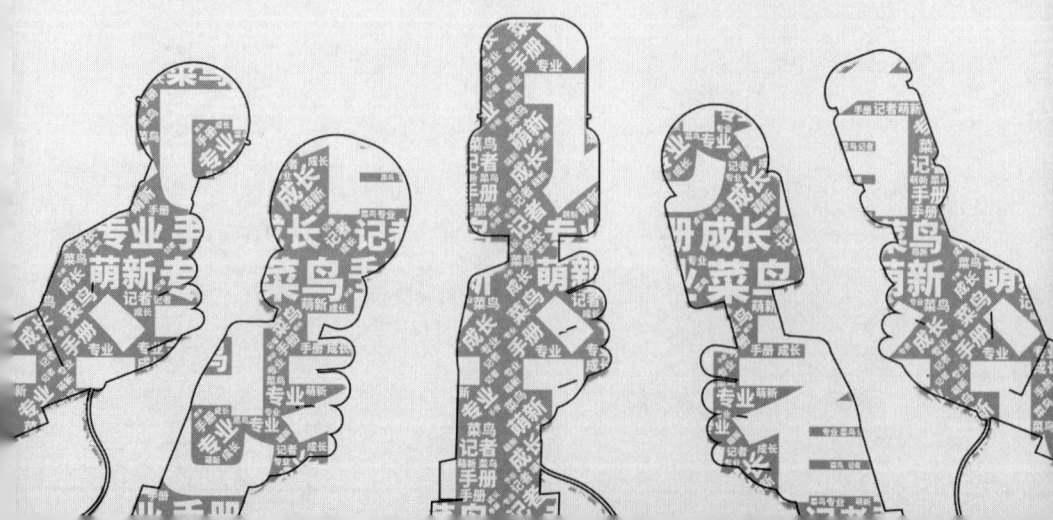

采访过程中的忌讳

　　采访中，记者该如何推进自己的工作进程，这关涉采访过程能否顺利进行，也是衡量记者功力的重要标尺。而从另一个角度来说，记者光知道怎么做似乎还不够，还应该知道采访中不应该做的事情。有时候，一个好的采访是一种排除的艺术，如果能在采访中避免一些访谈的禁忌，规避一些雷区，不论是从形式还是从内容上，采访就可以避免一些常见的不规范的做法以及思想上、行为上的错误，从而能够更好地矫正和助力记者获得相对完美的采访。

　　采访，是一个过程，不是一种行为、一个动作。采访由很多密不可分的环节组成。采访的环节从时间顺序上来说，可以大致分为：采访前的准备、采访中的对话、采访后的整理。对这三部分"分门别类"地进行梳理，并明白每个环节所应避免的错误，有助于记者从一种较为微观的角度，做好采访中的每个细节，确保采访进程的万无一失。

采访前的准备，怎么确保万无一失

采访之前的准备工作，事关采访过程能否使对话按照预定的轨道进行。虽然只是准备工作，但这一阶段琐碎，细节容易被人忽略。所以记者的耐心和细心是非常重要的。如果这一阶段记者犯了"细节性错误"，会影响整个采访的节奏和进程，增加受访者先入为主的"差印象"。

- 采访前的准备工作中，最为重要的内容，莫过于联系受访者。联系的手段在前文中已有论述，这里主要强调一下联系受访者的细节问题。有很多记者为了获取目标嘉宾的联系方式，可谓不惜一切代价。从职业性的角度来说，这一行为是应该受到肯定的。但从尊重嘉宾的角度而言，不停歇地去"叨扰"嘉宾，会让其产生一种不愉快的感觉。所以，在联系嘉宾的过程中，要将自身的需求和嘉宾的意愿有机地结合在一起。两者发生不可调和的矛盾的时候，要优先考虑嘉宾的意愿，进行合理的妥协。

在嘉宾已经明确表示近期不接受采访的情况下，记者回复嘉宾最好的方式，就是要让对方明白，"买卖不成仁义在"。不要在对方拒绝的情况下，表现得冷淡和不耐烦。记者在联系受访者不成时，可以回复道："谢谢您，您的联系方式，我已备注完成。今后，还望多多指教。""认识您很高兴，我们随时保持联系。"从嘉宾心理的角度来说，有些嘉宾在接到对方采访邀请的时候，也许正有其他紧急的事情要去处理，所以会对采访邀请显得不那么热情，而这种不热情，并不是针对记者，也不是针对记者所在的媒体，而确实是受访者的"无心无力"。这时候，记者不应该展现出自己的"玻璃心"，产生一些过分的负面情绪，而是要先将嘉宾的联系方式备注好，过一段时间再以不同的主题、不同的方式来联系，或许会有意料之外的收获。

除此之外，在目标嘉宾答应采访的前提下，也不要过于频繁地为一些琐碎的事情不停地与其联系。采访之前的准备是重要的，但不能影响到受访者的正常生活。过于频繁的联系，不仅会让受访者厌烦，也打破了谈话的现场感。一个真正的采访，其实并不是完全追求一种稳定性和严肃性，而是要体现一定的鲜活性和随意性。我有一个经验：一般在采访前，不经常联系的嘉宾，他们反倒会在接下来的访谈中提供非常有见地的思想。这可能是因为隔了一段时间的酝酿，受访嘉宾观点中会有灵感的闪现。反过来，如果一些记者为了确保实际谈话中的"万无一失"，而"不厌其烦"地联系嘉宾，不停地敲定一些所谓成形的观点和思想，在采访现场的谈话效果反倒不好，嘉宾像是一个"照本宣科"的机器，将之前交流的成果复述一遍，反倒失去了采访应有的现场信息采集的意义。

- 记者在采访前，一定要确定好采访主题、采访时间和采访地点，而且一经确定，不宜轻易地改变。在确定采访事宜的时候，有时候是"身不由己"的。因为，采访是一个媒体分工协作的事情，表面上是记者一个人去采访，其实背后有很多"无名英雄"，来协力将这一采访工作配合好。其中，有的负责具体采访的选题策划，有的侧重确定既适合媒体平台又适合嘉宾的时间和地点。这一协同配合的过程难免会有一些分歧。这时候，要更多地考虑受访嘉宾的实际情况。当采访

前的一切事宜都确定好之后，最好不要去轻易地变动。太过频繁的变动，会让受访嘉宾觉得访谈本身是不正规的，难免会心生不满和"不重视"。

确定采访主题非常重要，它决定了采访进程将朝着怎样的方向、以怎样的格局来进行。当然，采访主题也体现着一个采访团队集体的智慧。按照采访不成文的惯例，除非嘉宾提出异议，采访主题和采访提纲一经确立，就不宜变更。此时，也许受访者已开始积极地准备话题，进入一种特定的谈话主题的氛围和节奏中，如果突然换掉，不仅浪费了受访者的时间和精力，也会让其产生负面情绪。同样，如果不是因为嘉宾主动提出来的话，采访时间和地点的变动，也极易引起受访者的不满。有一次，我参加一个会议，主办方一方面邀请了一些媒体记者朋友，另一方面也邀请了业界较为权威的知名人士，想要形成一定的媒体关注效应。这既是一次研讨会，也是一个媒体采访的好机会。但不知何故，他们的时间和地点总是来回地变动。记者手头的名单可以看到与会嘉宾的名字。时间、地点变动之前，能确认来会的嘉宾还是挺多的；而变动之后，嘉宾所剩无几，最后这个原本具有新闻价值的盛会却被无限期地拖延，直至取消。

- 准备工作还包括一些琐碎事情的落实情况。从准备工作的角度来说，采访最重要的东西之一就是录制所需的设备。不管是现场面对面采访，还是电话采访，这些电子设备，会让采访变得更加便捷、更加有迹可循。但是在实际采访的过程中，我发现，一些看似必备的物品，到了关键时刻却容易"掉链子"。我刚进入新闻行业，接到一个某行业翘楚的采

采访过程中的忌讳

访任务。我当时很兴奋,把采访提纲第一时间就发到了对方的邮箱,并得到了他的认可。要知道,这位嘉宾一般情况下是不接受媒体采访的。在采访之前,我的一个领导知道我要采访这位名人,特意嘱咐我,换一下录音笔的电池,以确保电量足够。但我当时想,这个采访预计的时间是20分钟左右,电量应该够,就没有理会这点"小事"。到了现场,谁曾料想嘉宾越谈越有兴趣,原定20分钟的采访被扩展至一个多小时。当时幸运的是,录音笔的电量尚存,但就在我们谈话结束后的两分钟内,录音笔因为电量不足自动关机。在整理采访录音的时候,我想想都后怕,我的那次采访如果没有那么幸运,录音笔在采访20分钟以后就没电了,怎么办?录音、录像设备很基础,也很重要,却很容易被忽略,一旦出现问题,就将是毁灭性的。

采访之前,记者还要再次确定采访的具体地址和时间等事宜,对一些细节的不在意,可能会导致采访现场的混乱和难堪。对于采访地点,不能以"我知道"为理由,而不去具体地查地图。一个五星酒店的某个房间也许不在主楼,而是在另一座楼里,这就需要记者在前往指定地点前,拨打酒店电话先做好准备,如果不确定的话,可以提前前往,以防迟到。对国家机关单位、大型企事业单位或高校而言,出入的大门可能有好几个,哪个门可以进、哪个门不能进,从哪个门进去更加便捷,记者也有必要提前做好攻略。记者如果自己开车前往,目的地是否有足够的停车场,如果停车场总是紧缺的话,即使到了目的地附近,也会因为停车问题造成一些不必要的耽搁,这些都需要记者做出一个可行性的方案。提前十分钟赶到会场,这样既不会打扰受访嘉宾的其他事情,也会给对方留下自

己"被重视"的好印象。同时,记者以合适的时间亲临采访现场,还会给自己争取一点宽松的时间,来进行现场的一些观察和捕捉,有利于增强接下来与受访者对话的亲近感和现场性。

采访中容易忽略的细节

很多人觉得采访一旦开启,记者只要顺利地进行"问"与"答"就万事大吉了。其实,记者如果对采访过程中的某些细节没有处理好的话,不仅会让采访的过程出现种种"状况",破坏现场的谈话气氛,造成种种尴尬,甚至可能无法使采访按照预定的采访任务进行下去。

- 在采访的过程中,记者切忌"以自己为中心",切忌将采访现场当作表现自己的舞台。从采访内容层面上来说,在记者和受访者交谈的过程中,"问"与"答"要在一定的比例下进行。而记者对自己在访谈中的位置,需要有一种较为清醒的认识。采访,在形式上是平等的,它需要记者和受访者实现一种平等的、自如的谈话;但采访,在信息分布的层面是不平衡的,问与答的比例,"问"肯定是要让位于"答"的。不仅如此,无论是开场白、正式问题,还是谈话中临时插进来的提问,记者表达应尽量简洁,要留给受访者更多回答的空间。记者还应淡漠自己在形式上的"存在感",切忌通过对自己过分的装扮,比如通过穿一些"闪闪夺目"的衣服等方式来"凸显"自己,而无形中忽视了受访者的主体角色、忽视了谈话本身的目的。

上大学期间，我在一个媒体实习，有一次的受访嘉宾比较有名气，因此那天负责采访的女记者就想好好地表现一番。她浓妆艳抹，把自己精心打扮了一番。采访伊始，这位女记者说了一大段开场白，挤压了原本就很有限的时间。在具体问答期间，她把原本简短的问题扩充很长，还时不时打断嘉宾，使得嘉宾根本没有时间来阐述自己的观点。后来，这位嘉宾的眼神透露出无奈，只能眼睁睁地看着这位"放飞自我"的女记者光鲜亮丽地"表演"。采访的样片出来后，全部的"戏"都在女记者那边，双方谈话本身的效果几乎完全没有呈现出来。

- 采访交谈过程中，还忌讳受访者所谈的内容和记者所设想的采访主题完全不匹配。记者在访谈中要保持警惕，防止受访者"跑题"，防止他们一时兴起或"一不小心"将所谈论的话题带到另外一个"次要"的方向。采访和聊天之间不能简单地画等号。虽然采访也需要一个相对愉悦的谈话气氛，但采访的首要任务是要获取重要的信息点、完成采访主题所设定的重要内容。如果一个访谈没有"干货"，无论记者自认为聊得多么开心，客观上都是一次不及格的采访。

我们平时所说的"深度采访"中的"深度"，并不是特定地指记者和受访者所谈的话题多有"思想"，还包括访谈中所"爆"的"料"有多少、是不是大众所急切关心的共同话题、给社会的启示有多大。这就要求记者在采访中尽量地挑选有效信息。比如，一个采访的主题定为"中国文化如何'走出去'"，在访谈过程中，受访者说到美国文化如何"走出去"时，记者应保持"高度的警觉"——受访者不是不可以谈美国文化的部分，如果他只是次要

地提及,并将美国对中国的启示作为谈话的重点,记者就应该以缓和、鼓励和倾听的眼神与受访者对视和交流;但如果受访者从美国文化切入,大谈特谈美国文化具体是如何"走出去"的,这时,记者就要当机立断地介入话题中,对访谈进行一个较为合理的疏导。"您对美国文化的研究很独到。接下来,能不能谈谈美国文化的一些经验,有哪些可以为我所用,哪些没有太多参考意义呢?"以类似的问题过渡,可有效地将受访者的话题从次要、边缘的信息转到核心的主题上来。同时,这样一个设问,运用了批判和思辨的思维,能够让受访者以一种更为客观、冷静、全面的视角来诠释采访的主题。

- 记者在谈话中的开场白、过渡语要尽可能简练、有效。记者要切忌在谈话中的强势"插话",要谨慎,不宜随意地和受访者开玩笑。记者的开场白和过渡语在现场谈话中起着举足轻重的作用。正是因为它的地位是关键的,所以表述应尽可能简练,避免啰啰唆唆的"自我演讲"。我在学校期间的"处女秀"采访给了一个喜欢裸着上身跑步的运动员,无论春夏秋冬、寒凉暑热,他都喜欢赤膊奔跑在城市的大街小巷。对于这一首次访谈,我做了充分的准备。当天的采访,我尽可能地把自己所查到的有关他的有趣资料,都用在了开场白中,自我感觉还很良好。不承想,采访后,负责后期剪辑的同学,说要剪掉我开场白的大部分内容。我返回看当时的录像原片,确实感觉自己的开场白很啰唆、很"繁杂"。还注意到我在开场白的时候,受访嘉宾眼睛游离、四处张望,一副心不在焉的样子。不得不说,这严重地挤压了受访者的表达空间,拖延了谈话节奏。

采访过程中的忌讳

众所周知，记者对谈话的控场能力，被视为记者在具体采访过程中的一大能力。但是，记者优秀的控场能力并不等于不失时机地"插嘴"，不等于记者强势地介入谈话过程中，影响谈话的顺利进行。一般情况下，记者合理地打断受访者的回答，主要体现在两种情形中：一种是受访者误把访谈当作聊天，犯了严重"跑题"的错误，或者受访者在某一点上的论述停留了太多时间，在其他角度的阐述上没有展开，基于时间的限制，记者应该通过"插话"，大胆而及时地对谈话内容进行合理的疏导，对访谈进行适当的推进。还有一种情况是，受访者在回答问题时所给出的答案不是那么清晰，或者"话里有话"，记者应顺势而为，基于此"挖出"更多的信息点。比如，受访者在访谈中谈道："虽然，在过去的一年中，我国的经济还存在很多大大小小的问题，但我们在未来的一年里，仍会有很多值得期待的地方……"在受访者谈"未来的期待"的时候，记者应适当打断，问道："那么，想请教下您，过去所存在的大大小小的问题中，最主要的问题有哪些？"这样的追问，让访谈内容更具丰富性。除了上述两种主要情形之外，记者最好不要轻易地打断受访者的谈话，否则会陷入"喧宾夺主"的怪圈中，不仅获取不到必要的信息，还给人一种没有修养的印象。

谈话中，必要的"玩笑话"是可行的，它可以增添记者和受访者间的亲密度，有利于谈话向着愉悦的方向进展。但过多的玩笑话，则会挤压有效信息的交流互动，不仅使访谈成为没有"营养"的"家长里短"，还让访谈变得不够严肃，影响了访谈本身的深度和品位。

- 在谈话现场，还有一个重要的细节不容忽视，就是记者对随从人员的态度。这与谈话内容本身无关，却与一个记者的修

养相关,同样会对采访本身产生一些微妙的效果。一些媒体的记者去采访嘉宾的时候,往往还会带一个摄像师,摄像师主要来负责现场的拍照、协调,甚至开车等任务。这些随从人员虽然对采访内容本身不具有决定性的作用,却对采访现场的记录、对采访的进程产生不可替代的影响。记者对随从人员要有积极配合、协作的态度,而不是理所应当地认为对方是为自己服务的。比如,记者在现场忌讳对摄像机"指指点点",以让摄像师达到言听计从的效果,这不仅会造成一种尴尬的工作氛围,若是被受访者看到或听到,甚至会影响到访谈的愉悦程度。

这是我听一个记者同行给我讲的真实的经历。她刚去一个媒体的时候,被委以重任,去某国驻华大使馆采访一位大使。那位大使非常忙碌,成天"飞来飞去",只预留了一个下午接受她的采访。她被领导告知下午3点准时开始采访,并有个司机陪同,领导也第一时间把司机的电话号码转发给这位记者。当天下午,当她早早地在媒体大门等着这个司机时,司机却没有到达现场。随着时间一点点推移,她着急地给那位司机打电话,谁知司机根本不知道有采访这件事,就没有及时赶到现场接她。更为不幸的是,当她赶到大使馆时,大使以迟到为由,不再接受她的采访。对于这位女记者而言,一个已充分准备的采访,就这样给"耽误"了。细细想来,这位记者刚入职,对职场的惯例并不知情。其实,作为记者,她在被告知的那一刻,就要将自己作为采访的一环,怀有一种责任意识,及时地和涉及采访的人员进行联系,以一种配合的心态进行通告、协调和统筹,而不能缺乏团队意识,无视随从人员,采取事不关己高高挂起的态度。

- 在采访现场，记者还容易纠结的一个"细节"是，要不要给受访者"送礼"。一些记者可能考虑到初次见到"心仪的偶像"，要不要通过送一些象征性的礼物来表达自己的敬意；有的记者可能认为受访者比较"难对付"，借由送花、送一些小礼品等行为，实现事前缓和的目的，让现场的访谈进行得更加顺利。其实，记者的本质使命就是在大众和专家之间进行一个信息的"穿梭往来"。从学理上来说，采访是记者被让位、被赋予的权利，他代表大众向社会精英、明星名人、舆论领袖和公共机关的负责人员来获取相关信息，是一种理所应当的权利，也是一种义不容辞的义务。如果送礼，即使是一些小礼物、小点缀，也可能会让受访者感到不安，甚至怀疑记者此行的"真实目的"，对话从一开始就带有某种"讨好"的色彩，让谈话变得不那么独立和完整。本来一个看似的"附带行为"，成为访谈这一主要行为的"绊脚石"。同时，访谈现场的送礼，也许会遭到一些受访者的当场拒绝，这有可能影响接下来所进行的访谈，纯属画蛇添足。

当然，在下列比较特别的情形下，可以适当地考虑给受访者赠送一些合适的礼品。第一，对于一些电视媒体或视频媒体，想把访谈做成一种"秀"的形式，增强某种"可视性"。第二，记者和受访者的"私交"是不错的，彼此在生活品位方面互相欣赏，通过礼尚往来的形式来交流感情，也是记者在人际交往中的一种选择。第三，受访者是所在媒体的长期合作者或资深顾问，媒体想要借助礼物表达感激之情。第四，访谈正好碰到受访者的生日、节假日等情况，受访者本可以"自由"地和其他人度过，而为了采访占据了自己的个人时间。当然，即使在这些情况下，访谈现场送礼也不是记者的一个"必选项"。记者要对此小心谨慎,要做好与受访者提前沟通的工作,以避免尴尬。

采访的后续阶段,切忌上演"虎头蛇尾"的悲剧

如果说采访过程着重体现了记者现场的应变能力的话,采访的后续阶段,则体现了一个记者的后期编辑等事无巨细的耐心程度。要记住一点:现场采访结束并不意味着整个采访的结束。在采访的后续阶段,记者要面对各种类似整理录音、校对、联系协调等基础而重大的任务。记者要做好"收尾"工作,不要对后续阶段抱以不屑的态度,防止一个好的访谈开端恶变为"狗尾续貂"的遗憾。

- 记者在自己编辑完采访录音之后,不要急于把采访稿发给作者,而是要在领导意见反馈之后,把所有意见综合起来,共同交由受访者。经过较为繁重的录音整理后,记者可以说是"身心俱疲",采访现场中的"小激动"基本已经被孤独的整理编辑工作所取代。此时,记者在心理上就有一种想要第一时间"公之于嘉宾"的冲动。加之在相对单一的文字整理过程中,会有领导、受访者的问询或催促,以及新闻人"赶头条"的职业习惯,记者往往会第一时间将自己编辑好的采访稿交给受访者。这样的行为很好地将采访的成果反馈于受访者,为作品在媒体上的最终呈现争取了时间。

但是,按照专业的流程和惯例来说,记者应该在第一时间将其整理、编辑好的采访稿交给领导或其他相关负责人员,并得到他们的反馈。与其说采访是记者的个人行为,不如说是以记者为操作主

体的集体行为，采访成果的言论取向、内容、编排方式等，最终反映的是采访团队的整体风格。记者在文字整理之后，一定不要忽略宏观上的方向性的把握。要记住，记者给专访者的采访文稿，应是媒体最终确定的版本。否则，即使将自己整理的采访文字交给受访者，也会因为媒体领导有新的指示和变动，重新进行调整，从而给受访者造成一些麻烦。

有两种情况可以做特殊处理。第一，文字采访稿整理好后，应第一时间敲定领导最早反馈的时间，再依据此时间界限，灵活地与受访者取得联系。第二，记者为了争取访谈时效，可以预先咨询领导对此次访谈的特殊、宏观的要求，提前将大框架确定好，以便在文字整理后，争取更多时间给自己和嘉宾。

- 记者不能因为赶时间、赶头条，而将自己已经整理好的稿件，在不经过受访者反馈意见的前提下，第一时间发表出来。这样做，虽然享有了独家报道和采访的权利，但受访者的修改权被无形中挤压或剥夺了。即使事后受访者没有明确表示太多意见，但当对方看到自己"被发表"的言论和观点，尤其是一些重要信息被曲解时，心情可能会是负面的。将整理好的采访稿件第一时间交给受访者，不仅是记者专业素质的一个体现，同时也让记者暂时地充当"第二校对"，即受访者站在他的角度，对谈话中所涉及的重要信息进行一定的修改和调整，这对于采访的真实性、权威性和公信力，都起着非常重要而无可替代的作用。

我采访过一个体育明星，当我把访谈录音整理好，给他的秘书时，他的秘书说没什么问题，可以发表了。当时快下班了，所以准

备第二天一早发表。可第二天一早,他的秘书突然联系到我,说受访者还提出一些基本信息的修改意见。当我看到修改稿时,发现都是一些重要信息的修改,是基于口头表达时所遗落或补充的内容。如果这个采访成果在没有经过受访者修改的情况下发表出去,就会犯一些常识性的错误,虽说这些"错误"可以事后修改,但毕竟在一定的范围内得到"事先传播",造成的损失还是难以弥补的。如果遇到时间比较紧的情况,即采访成果的具体发表时间节点,媒体是有规定的。这时,记者应该充当统筹者的角色,周旋于媒体和受访者之间,积极作为。一方面,记者应该对媒体说明情况,请求以最快的速度得到受访者的反馈;另一方面,记者也应该向受访者或其工作秘书说明采访成果发表的紧急性,以期对方在规定时间内将修改意见反馈过来,争取双方在采访时间上的"最大公约数"。

- 当受访者的采访成果最终以文字或视频的形式发表之后,记者要第一时间将成果发送给受访者,不能以"大功告成"为借口,对受访者"置之不理"。要记住一点:采访的后续工作,也属于整个采访的关键一环。记者在这一环节所完成的工作,也许不再是媒体领导所严格要求的,却会给受访者一个打"印象分"的机会。如果这一环节"有始有终",会给受访者积攒一个良好的个人印象,从而也会使记者和受访者下一次的合作更加便利,更有默契。反之,记者就会被打一个"不及格"的分数,影响与受访者接下来的合作,甚至还会被传出一个"坏口碑"。在实践中,我也听到过很多受访者感慨道,有时候采访结束了,朋友们反倒比自己更早地在网络或电视上看到采访成果。这样随意的感慨,从另一个侧面提醒记者,要时刻将受访者的切实需求放置在一个不容忽

六 采访过程中的忌讳

视的地位和高度。不论有多忙，记者都要抽出一定的时间，对受访者履行一个应尽的告知义务，不能让受访者产生"用完人，就溜掉"的坏印象。

- 在采访过程中，记者若有一些现场工作照或是文件资料，也要在后续阶段及时地发给受访者，不要因为一时粗心，延误受访者可能存在的需求。采访的现场照片，对记者来说很重要，它可能是记者个人一种精神上的寄托和纪念，也是媒体用来配合文字或视频的独家现场资料。但也许对受访者同样重要。它也可能是受访者的一个纪念，或是用来个人宣传的重要资料。如果在采访过程中，记者和受访者有现场照，而照片的电子版或原样在记者这边，记者要主动地及时地通过微信等方式，将照片寄到受访者那里。另外，如果记者在现场谈话中，允诺给受访者提供一些可以公开的文字资料、宣传册或是个人名片（记者在现场忘了携带）等文件资料，在采访过后，要将文件及时发送给受访者，从而兑现双方在对谈中的承诺，给访谈画一个完美的句号。

萌新 ------- 成长

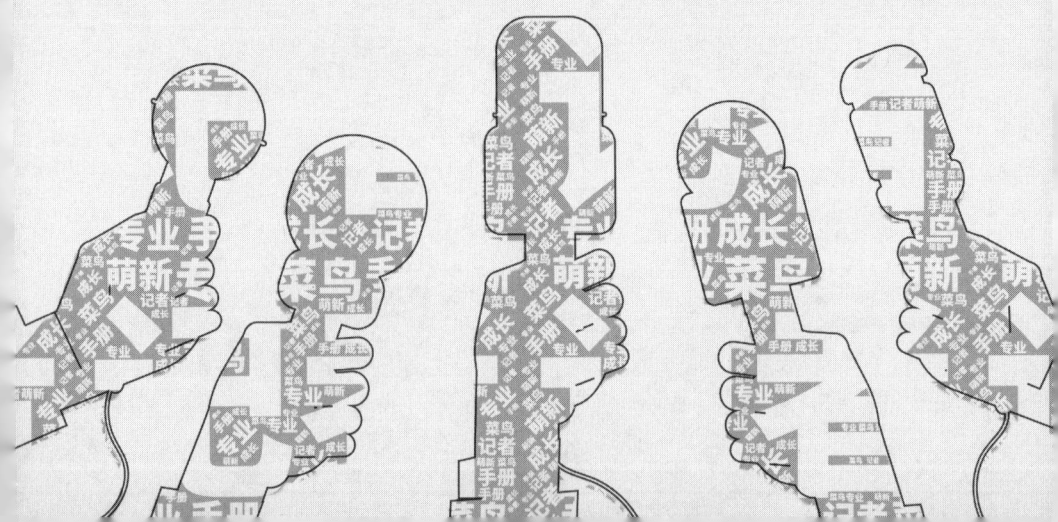

采访后,记录下自己的收获

采访结束的时候,一些记者会认为"万事大吉",应尽快将采访这页翻过,继续忙碌接下来的任务。其实,采访过后,记者应该抽出一点时间,理性、冷静、全面地给自己在采访中的表现打分。当然,这个过程最为重要的是要总结自己在采访中获得了什么。在此基础上,记者应不断梳理和发掘自己所获得的和客观上所需要的是否有所差距。这个环节是一个再反思、再积淀的自我反馈的过程,它不仅是一名记者完成一段采访之后的客观记录,还能找到自己与理想目标之间的距离,从而促进自己更专业、更优秀。

记者在盘点自己"所得"的环节中,至少涉及两个主要的角度:第一,自己获得了什么,这是一个方法论层面的问题,即通过什么样的方法来感知采访过后的所得;第二,什么样的获得应该是被认可的、被坚持的,这是一个价值观层面的考量。记者在采访之后,应该参照哪些客观标准,进行哪些"取舍",应该给自己所获得的成绩评一个最终的分数。这个分数是客观的,不仅要满足自己

的成就感,也要被大众认同,符合社会的价值取向。

从方法论的角度来说,记者应该在采访后,通过各种各样的方法,给自己在访谈中的表现打分,这个分数可以是自己打给自己的,也可以是由他人的反馈构成的。两者要善于在采访过程后总结出一套评价标准,渗透到以后的采访中。这样有助于在自己日后的采访过程中,发挥出不可替代的效用。

在采访之后,记者要总结自己的整体表现,更精准地确定自己的"获得感"。总结可以是书面形式,也可以是录音的形式;可以是有条理的总结报告,也可以随意地列出一些基本要点。当然,从可操作的角度来说,口头记录会让梳理、归纳的过程变得更加便捷。为此,记者可以建一个类似"心得日记"的文档,以自己熟悉的方式,简单地罗列出自己在采访中的收获。在这里,有几个要点要具体谈谈。

- "躲"在一个安静的角落。这里的安静环境,可以是住宅小区里的广场、环境雅致的公园、有着轻柔音乐的咖啡厅、高校里人不太多的自习室、一些人迹罕至的度假胜地,以及个人比较喜欢光顾的场所。其实,写日记、写总结等行为都属于"自我传播"的一种方式,属于自我对话、自我交流的手段。这种方式需要特定环境的塑造和支撑——嘈杂的环境也可以写日记、写总结,但写出来的东西,一般都不够"走心",限于表面;平和的环境,可以使自己在从容不迫的气氛中,唤起自己潜意识中的"灵感"。

- 切勿写"流水账",要有重点地记录。但这种记录要杜绝从头至尾般地机械描述,也不要加入自己太多的思想感情,而是要将最重要的"点"写出来。"今天是2月16日,在北京的某某饭店有一个会议，会议的主题是'中国的城镇化建设何去何从'。我采访的问题如下……我采访的嘉宾有……此次会议分为三个环节……我的心得体会有以下八点……"这样的描述虽然很全面，却让自己的总结没有具体聚焦到一个个要点上。看似言无不尽，实则言而无物，陷入循环反复的叙述中，在极短时间内并无太多参考价值。另外几种表达形式，则可以起到启发的功效。比如，"在面对众多嘉宾时，我敢于和受访者'你来我往'，和他们谈笑风生，这主要是因为……""采访后，我感觉这位嘉宾身上散发着一种书卷气，在现场果然谈了不少经典书目，接下来我要读的书目应该包括……"等言简意赅的表达。这样的记录重点突出，一目了然。记者经常翻看，也会在第一时间被启发。

- 记者收获了什么，固然要总结，但更要把着力点放在相应问题的解决方案上面。一些记者容易把个人总结写成"吐槽体"，发出各种抱怨。虽说这种负能量"爆棚"的个人总结显得有些消沉，但也是记者自我反省的表现。这说明记者对整个采访过程有较为深刻而全面的认知：除收获之外，还有不足，还有"硬伤"。但过于暴露问题的心态，容易让记者看问题的方式处于较为极端、偏执的惯性中，难以"跳"出问题本身，想出一套行之有效的解决方案。记者要在"得"与"失"之间，冷静地找出其中的原因：哪些原因促成了"得到"，哪些原因导致了"失去"。在这个基础上，尽可能多地罗列出具有可操作性的解决方案，要点的罗列要尽可能清晰，且适合自己，确保它们能更好地指导记者以后的采访实践。同时，这些总结出来的方案也要能经受住未来的检验，只有经由反复验证的解决方案才能成就一个成功

的记者。

- 记者要将自己"灵光乍现"的心得记录下来,并告诉自己背后的原因是什么,让其由一时的"灵感"定格为固定化的"获得感"。在采访过程中,记者会迸发出很多令自己都难以置信的亮点。比如,在问答环节中,记者会突然想到一个很有意思的问题;或者是,记者在发问完之后,被受访者"表扬"问得好。但这样的收获,往往是基于记者在采访现场优秀的应变能力和逻辑归纳能力。采访过后,记者不能陷于"没事偷着乐"的窃喜中,而是要搞清楚背后自己的潜力,并逐渐发挥这种潜力。比如,记者在现场的"突发奇想",其实就折射出善于"察言观色"的习惯。所以,从某种程度上来说,问出一个好问题,并不是记者在采访中实际的得到,而记者身上所具有的那种"善于观察""善于发现"的习惯,才是记者真正的收获。记者以后的采访,不仅要带着采访提纲,还要带着一双善于洞察万物独特的"眼睛",第一时间捕捉到采访现场的"蛛丝马迹",提出更多的"好问题"。

受访者的意见、相关领导的建议,一个都不能少

受访者是直接面对记者的群体,他们的意见和建议对记者的采访工作有着重大的借鉴意义,需要记者高度重视。

在采访之后,记者可以通过手机短信或微信,给受访者发一则信息:"王先生,您好。采访的电子链接已经发给您。不知您觉得此次访谈,有着怎样的体验,期待您的反馈。"实践经验告诉我,

采访后，记录下自己的收获

类似的消息一经发出，大部分受访者都会积极热情地表达他们的真实想法，这样的想法是在采访成果第一时间发表后诞生出来的，正好处在受访者对访谈反馈的一个"黄金时间"。另外，记者还应在采访后，关注一下受访者近来的生活状态、近日关注的热点问题等。"王教授，您近来热衷研究的议题是什么？""张先生，您近来的生活除了演艺之外，还将您的生活重心放在哪些方面？"这些问题在整个采访后提出，一方面能够营造一种对谈的随意气氛，增进彼此之间的交流；另一方面记者也得知了受访者近来的生活或工作状态，从而为以后与相关主题契合的采访进行"预热"，这何尝不是另一种收获。

受访者和领导的反馈对记者而言都属于记者与其"外部世界"互动的重要方式。不同的是，受访者的反馈带有自发性、随意性的特点，对记者虽然有作用，但这种作用局限在一种略带笼统的意见的范围内。而记者的领导，比如媒体的主编、市场部负责人等角色提出来的反馈建议，则可以构成工作层面和专业层面上的改进措施，它具有一定的执行力和可操作性。因此，记者从领导这边获得的反馈像一面镜子，反射出记者在采访中的点点滴滴。不论是对其业务能力的提升还是今后的采访，都具有不可替代的作用。

记者向其领导获取反馈，最好在采访成果发表之后的第一时间发出。此时，采访的所有环节都已结束，如果领导给记者表现打一个分数，这个分数无疑是最真实、最客观的。"王总，您好。采访链接近期已发表，请您对我此次采访做一个评价吧。非常感谢！"这样的表达会让领导有被尊重的感觉，他也会在第一时间说出自己的感受。一般在这种情况下，领导对记者访谈的评价都很概括、很笼统。记者可以一方面在接下来的采访工作中慢慢体悟，也可以在合理的范围内继续追问其领导，试图获得更多具体的建议。另外，

领导在一些公开或半公开的场合下,也会就记者的采访做一个表扬或批评、认可或否定的表态,这其实也是记者采访质量的"晴雨表"。如果领导持肯定态度,说明记者的此次采访至少是及格的,记者可以在此基础上继续努力。反之,记者要在公开或私下里向领导获取具体的建议,以期及时地改进与调整。

还有一种情况,就是领导对记者的采访"没有立场",既不说"好",也不说"不好"。这主要有两个原因:一是记者本来的采访无功无过,没有太多亮点,没有个性,"不值一提"。记者应在之后的各个环节,尤其是策划环节和提问环节修炼自己的内功,加强积淀,以期在接下来的采访中获得更有亮点的表现。二是领导因其他事情,日程安排较为紧张,没有太多时间和记者交流,时间长了就淡忘了。这种情况下,领导"无心",记者应该"有意"。记者最好选择一个合适的机会,以较为诚恳的心态向其领导"讨教",如此,记者才可以对自己的表现有一个更为深切的认识。

记者应秉持怎样的价值取向

从价值观的角度来说,记者给自己的表现打完分数之后,还必须知道,这样的成绩和客观标准有着怎样的差距,应该秉持哪些共同认可的价值取向。有了差距,就有了取舍,记者就更明白自己在今后的采访中要努力的方向。所谓的客观标准,一方面建立在既定的任务和目标的完成,另一方面则来源于社会大众基于自身对于信息的获取需要,给记者提出的基本要求。也就是说,记者要通过科学合理的方法,为自己的采访寻求一种反馈,这固然是重要的。但是,更为重要的是,记者也要适当"脱离"开自己熟悉的圈子,用一种客观的标准要求自己,意识到差距,冷静地看待自己的"所得"。

采访后,记录下自己的收获

尽人皆知的是,采访不是一个简单的动作,不仅仅局限在"问答"环节,它还是一个综合的信息收集的系统,囊括各个重要的环节。因此,在采访之后,记者要系统地梳理一下自己在采访准备阶段、现场对话阶段、采访后续整理阶段的基本业务能力是否得到一定程度的强化,并能从这三个阶段中抽取出自己真正的"得"与"失"。

采访前的准备阶段事无巨细,如何能够在比较琐碎的工作中厘清头绪、有的放矢,这是记者需要学会的一种重要技能。也就是说,在面对繁杂事务的时候,记者不但应具备抽丝剥茧的能力,也需要具备将复杂事物简单化的能力。采访准备阶段固然考验着记者的耐心,却更能检验出记者是否能迅速找出问题的"主要矛盾",能够第一时间将主要的事务先做好,然后再统筹协调其他"次要"的任务。在采访之前,摆在记者面前的工作有很多,这些工作都要在有限的时间内完成。但此时记者要记住:最重要的工作是"采访"本身,采访前最主要的工作是确定采访主题,尽可能快地确定并联系受访者。

记者还应自觉提升选题策划能力,不仅包括采访主题、采访问题等,也包括确定并联系合适的受访者、以什么方式表现采访等流程层面上的策划。这需要记者在日后的采访中,明确策划方案的基本标准和程序,即先让自己有一个与众不同的问题意识,这一问题既是重要的、值得探讨的,却又在一定程度上受到大众的忽略,此时,就是策划思路"粉墨登场"的时候;之后,记者还要具备广阔的视野范围。记者要在每一次策划后,都带有一种有别于常人看待世界的新奇视野,并将这种策划思路带到下一次的策划中,让每一次的采访主题都有让人耳目一新的切入点;次之,要在涉及采访形式方面,有更周全的考虑,有更完美的策划模板。在选定和联系受

访者方面，记者要有自己独到的选择标准和人脉资源。在采访地点的确定上，记者要体现更人性化的思路，要以受访者便利为优先。同时，记者也要大胆地尝试一些新的方式，比如到受访者工作、生活的环境中进行"情境式"的体验访谈，尽可能地还原受访者真实的状态。

无论是面对面的录像采访，还是电话采访，无疑都能锻炼记者的交流能力。虽然在这一阶段，采访主题和拟采访的问题都已确定，但现场瞬息万变的不确定性，也考验着记者的应变能力。当然，记者在这一阶段所应获得的，不仅仅是交流能力，还包括受访者带给记者的无形的东西。人与人之间的对话，"在场"与"不在场"，感觉、方式、效果等都不一样。"在场"的对话，更接近人与人最为原始的沟通，也最容易深入对方的内心，观察到对方真实的状态，捕捉到对方独特的生活理念。

所以，记者在现场采访阶段最大的收获，就是能够真切地感受到受访者当下的状态。如果受访者是一位名人，这种真切的接触，会让记者不再"迷恋"受访者自带的"光环"，而更加客观、中立地看待名人。在采访对话中，记者对名人受访者适当的质疑、追问，可以培养自己辩证地、批判地看问题的思维，让自己越来越有"记者范"。另外，记者在与受访者对话的同时，也是一种与外部世界保持接触的方式。在采访现场，记者面对一个或是多个受访者，倾听他们内心的声音，再反观自己业已形成的认知体系，这个过程也许会加固记者已有的、独立的认知模型，但也有可能改变甚至是颠覆记者长年累月所形成的"刻板成见"。记者在这一过程中，无论是从受访者的话语表达方式、看待世界的思维，还是面对生活的态度上，都有了一种隐隐的、专属于自己的收获。

接下来是采访的后续整理工作，这一阶段主要涉及采访文字的整理和编辑、与后期工作者的协调，以及与受访者进一步的敲定、联系。这个阶段也许会让记者感受到媒体工作的另一面——孤独、寂寞、冷，但也培养了记者与他人分工配合的能力。"众人拾柴火焰高。"好的采访从来不是记者一个人努力的结果，记者应培养出一种统筹协调的能力，在采访成果出炉之前"跳出"自己的小圈子，与自己的同伴和战友们一起战斗。记者应逐渐明白，采访的成功，不仅有自己个人方面的努力，还包括整个团队的共同配合，这就是"team work"（团队合作）意识形成的开始。因此，记者会在今后的采访中，更加切实地注重各方力量的沟通和协作，兼顾各个部门的实际情况，将自己的采访自觉地纳入团队合作的一环，提高采访效率。

不可忽视的是，采访的阶段也锻炼了记者自身的编辑和整合能力。负责文字编辑的记者，拥有了对文字更加敏感的驾驭能力，他们会从容地从现场的口头表达切换到幕后的文字整合工作；负责图像或录像编辑的记者，他们获得了用形象的视觉语言表现抽象观点的技能，全方位地锻炼了自己。

记者要有一双发现问题的眼睛

想要练就一番灵敏的"新闻嗅觉"，记者就要有一双发现问题的眼睛。我在国外学习交流的时候，有时会去校园里的中餐厅吃饭。中餐厅的老板是一位"中国大妈"，南方人，很精干。有一天，我看到她盛气凌人地指着一个在她的餐馆打工的中国留学生，争执着什么。我不禁思考，在一个崇尚人与人平等相待的西方社会，为什么中餐厅就容易出现争执，而且经过西方教育的中国留学生却又为何继续选择委曲求全。带着这样的问题，我深入中餐厅现

场,采访了那个"老板娘",也采访了相关的中国留学生,最后得出了一个结论,即人与人是否能在相对平等的气氛下彼此相待,除了社会的大环境之外,还包括主体之间的物质悬殊程度,以及某一群体中所存在的一种"小文化"或"亚文化"。基于这个观点,我又进一步地研究,在一次课堂讨论中论述了自己的想法,也在这次课堂讨论中得到了国外老师的认可。可见,新闻敏感度的培养,首先是要有双发现问题的眼睛,要善于观察,大胆想象,要对自己在观察后所积累的大量感性材料抽象化、概念化,合理地提取和升华为一种观点、一个结论、一个判断。

在采访后,除了业务方面的进步之外,记者还应有好的人品。记者的采访,固然是要刷头条、博眼球、做独家,但这种业务上的效率不能以牺牲受访者或大众的利益为前提。好的采访,不仅要提出一个好问题,这个问题还要以受访者可以接受的程度来呈现,要以大众认可的方式来表达。记者要时刻把自己的业务能力和职业道德有机地结合在一起。

记者的职业素养应包含以下两点:第一,记者在采访中要培养自己在第一时间解决问题的能力,不患得患失。它事关一个记者能否及时地处理好自己和受访者,以及记者与大众之间的利益冲突。如果记者一味地借助媒体平台公开吐槽嘉宾的某些"不地道"的做法,显然是不合时宜的,正确的做法是第一时间解决问题,顺利地将采访朝着正常的轨道推进。第二,记者还要学会换位思考。在访谈中遇到突发状况,记者要先从受访者的角度考虑,拥有一颗豁达的心,这与其说是记者应该掌握的一项技能,倒不如说是记者所必备的修养。记者在采访中会遇到形形色色的受访者,这些受访者中不乏"奇葩的人",说一些"奇葩的话"。对此,记者不应"端起架子""拉着脸",而是应该站在对方的角度考虑一下,所出现问

采访后，记录下自己的收获

题的原因是不是可以理解。久而久之，这种思维习惯和品性修养会避免很多正面的冲突。

优秀记者，要从哪些细微处入手

很多时候，那些看似琐碎的收获，对于记者来说，却是一种由量变到质变的蜕变，会让记者不仅可以在"大方向"上有所升华，还可以借助"小细节"的整合，让采访活动更臻完美，对自己的影响更加全面和立体。

- 采访，看上去是一个光鲜亮丽的社会活动，其实它是由无数个细小的环节组成的。就拿采访前记者和受访者的联系这一环节来说，它就有数不清的细节。如果做得不到位，就会直接影响采访的顺利进行。记者在这个过程中，应逐步树立一种"化整为零"的思路。首先，记者应该将各种各样的"小细节"归纳整理，划分出不同的细节应该归属于哪个阶段。比如，联系专家属于记者采访前的准备阶段，采访录音整理属于采访的后续整合阶段等。在不同的阶段去定位不同的细节，就会使采访的问题得以一一解决。其次，将细节归纳之后，记者还要分析哪些细节属于"主要的、重要的细节"，是亟须解决的细节；哪些细节是"次要的、不太重要的细节"，是可以暂时忽略的细节。这样的次序排位，会使记者即使面对上万种细节问题，也能做到有的放矢、从容不迫。

- 记者还应具备将采访资料进行整理、编辑的能力。对于文字采访而言，记者要对文章所涉及的文件、人名、名言警句、历史、新闻事件等重要信息进行细致而反复的核实，这是一

项看似很枯燥的工作，一旦有误，就会酿成"弥天大罪"。比如，受访者在采访中说："2014年10月20日，党的十八届五中全会在北京举行，研究了全面推进依法治国若干重大问题。"这句话乍一听没毛病。但这句话有个"硬伤"，就是细节的常识性错误：其一，全面推进依法治国若干重大问题的全会，不是十八届五中全会，而是十八届四中全会，这可能是受访者的口误，但不能成为记者常识性的认知错误；第二，十八届四中全会召开的时间，并不是2014年10月20日，而是10月20日至23日。因此，对话中的一些细节信息，记者在整理和编辑的时候，一定要谨小慎微，因为一不小心，就会搞得"满盘皆输"。有时候，这种小错误甚至会抵掉采访前精彩的策划和采访时的风光，得不偿失。

- 记者对流程的熟悉，不能仅仅局限于采访中各个阶段和环节的运作规则，还可以扩大到一个媒体、一个平台。这就需要记者亲身经历具体的实践过程，体验和铭记各个不同风格的媒体所应具有的不同的采访流程，具体问题具体分析，让自己在采访的职业生涯中保持与时俱进的心态，使自己更具备竞争力。

菜鸟 ------- 专业

萌新
．
．
．
成长

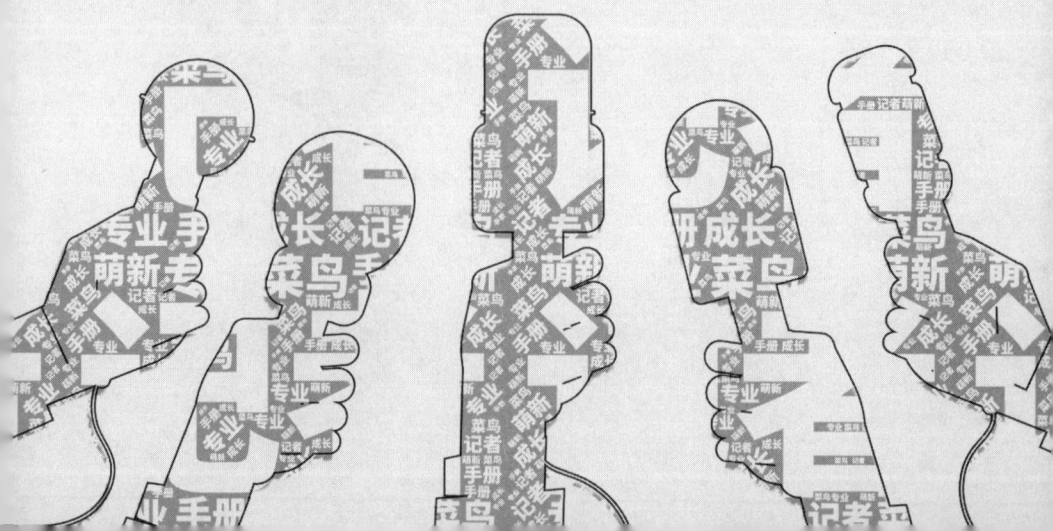

从"台前"到"幕后"

对绝大多数记者而言,紧张忙碌的采访过后,还要参与到幕后的工作中,负责对所采访的内容进行整理、编辑等后期加工。其实,无论是"台前"的光鲜亮丽,还是"幕后"的无声无息,都是记者工作的重要内容,也都是记者所必须直面的生活状态。

如何整理采访稿

对一个"全能记者"来说,其"幕后工作"可谓包罗万象,既包括对采访内容的整理、对采访内容导向的把关、对采访所涉信息的核实,也包括对现场采访画面的拍摄、对图片的编辑、对影像的后期制作,等等。当然,不同媒体的记者所要具体做的"幕后工作",还是略有不同的。有的记者的"幕后工作"会参与得多些,有的则参与得少些,但无论如何,幕后工作的参与,对于记者来说是"百利无一害"的。它能让记者的素质得到更加全面的锻炼,使其既能在"大场面"中与达人名流谈笑风生，也可以躲在"小黑屋"里整理和编辑与采访相关的文字或影像。而且在这一过程中，记者在夯实了采访业务基本功的同时，也与幕后团队实现了无缝对接，在工作上更凸显其不可替代的角色。

具体来说，纸媒的文字记者更加看重的是文字本身，所以他们一般不需要在意画面的、视觉的东西，一心将文字编辑完成即可。一般来说，记者现场采访嘉宾时，旁边会有一个摄像师拍摄跟踪。这时，摄像师的图片和文字的搭配，是记者的一个重要任务。比如，图片的介绍性文字不能出现重大错误。有一次，在一个"一对多"式访谈中，一名记者采访多位嘉宾。当摄像师的图片出来以后，记者忙于其他事情，并没有将图片中的受访者与其文字介绍一一对应。最后"张冠李戴"，一个叫L某某的专家被写成了W某。纸媒的采访稿发出之后，文字内容本身没什么问题，但专家名字的错误遭到了L某某的强烈反对。

所以即使是文字采访，记者也不能过分地"专注于"自己的文字工作，而是和图片编辑相互配合，减小"低级错误"发生的概率。视频记者的主要任务，则是将视频中的访谈内容，用字幕的形式精准地呈现出来。在这个过程中，记者如有拿不准的信息，应第一时间向受访者反馈。比如，受访者在视频中说，"我要感谢的人是我的直属领导'TAN FENG'"，而哪个"TAN"，哪个"FENG"，则需要记者核实。

除了字幕的精准之外，视频记者还应参与到采访的后期制作中来，如对采访样片的剪辑、组合和取舍，并向相关制作人员及时提出自己的看法。举例来说，在回答记者某一个问题时，应有嘉宾的特写，而如果忽略掉的，记者可以和负责后期制作的工作人员商讨完善。而对于讲外语类的受访者，负责翻译、编译的记者，还应该将外语研究到较为精通的程度，对于一些固定搭配，不可望文生义，要精准地翻译。另外，在一次外语采访过后，记者的幕后文字整理工作也不等同于简单的翻译，而是对文字进行有机的编译。有关"编译"，它在大学的相关课程中是一个重要的内容，有其较为系统的框架和要点。采访稿件的编译最重要的一点就是，记者不要被受访者的语言"牵着鼻子走"，对采访内容的编译不仅应在编排上注意遣词造句，还要有观点，能体现一定的思想性。

四大"秘籍"，让采访的幕后工作更完美

记者的幕后工作，不仅要"拼技术"，也要"拼内容"。即使是在幕后工作阶段，记者的任务也不是"玩转"不在其擅长范围内的编辑软件，不是强求自己从零开始学代码、编程序。作为一个新闻采访工作者，记者的幕后工作要围绕采访内容展开，而采访内容的完善须达到文法流畅、表达无误、信息精确、结构完好等标准。

文法流畅，主要是侧重记者的采访文字稿件本身在遣词造句、语法等方面没有明显错误，不犯基本的语病错误，没有标点符号的用法差池等。表达无误，则是强调记者所整理的文字、选择的词汇要精准，在表达方面没有常识性的错误，没有与最新资讯相冲突的部分等。文法流畅和表达无误这两项，是编辑整理的"及格线"。如果这两项"不达标"，记者的相关功力则有待增强。

信息精准和结构完好，意味着编辑整理处于"优秀档位"，在基本错误被消灭的基础上，可以对文字进一步润色、调整。具体而言，信息精准，是要将受访者在访谈中涉及的引文、基本文件、数据等重要信息进一步核实。结构完好，则是记者在文字的整理中，

敢于将大段文字大胆地删除，使其表达更为精练。这一过程就像是园丁修剪灌木丛一样，化繁为简，让文字重新焕发生命力。

如何将一问一答的采访录音，整理成一篇美文

如何整理采访稿？大概有两种思路。一种思路是基本上按照记者和受访者在谈话现场"一问一答"的模式整理完成；还有一种思路就是将这种"一问一答"的谈话形式化零为整，整理成文。对于第二种思路，记者要将"一问一答"的采访稿整理成文，要符合下列几种基本的情形。

- 其一，如果受访者说话相对正式、逻辑清晰，记者可以将其编辑整理成一篇文章。受访者这样的谈话感觉，更像是教科书式一板一眼地叙述和分析，整理成文会让访谈本身变得更为严谨、权威，更具参考价值。

问：您认为，此次十八届四中全会及其报告所强调的"依法治国"与以往我们所理解的有何不同？

答："依法治国"这个概念最早是党的十五大，也就是1997年提出来的。党的十五大提出"依法治国"之后，为了贯彻落实"依法治国"基本方略，各行各业提出了很多依法治理的口号，包括依法治山、依法治水、依法治路、依法治县、依法治村、依法治家等。那么，这些口号跟我们这次提出的"依法治国"以及我们对"依法治国"的理解是不一样的。

这次提出的"依法治国"首先强调的是全面推进，具有全面性，全面性是指在以往依法治国的基础上，建设中国特色社会主义

从"台前"到"幕后"

法治体系、建设社会主义法治国家,事实上要在立法、司法、执法、守法等各个环节全方位地推动法治。另外,此次四中全会所强调的"依法治国",不仅仅是强调用法律这个手段去治理社会,比如依法治山、依法治水、依法治路等口号,实际上更多的是依法制约和规范国家公权力,所以提出了坚持"依宪治国""依宪执政"等问题,提出了维护宪法权威,也提出了绝不允许"以言代法""以权压法""徇私枉法",领导干部要提高运用法治思维依法办事的能力。所以,这次"依法治国"的重点还是放在"依法治官""依法治权"上,是通过约束和规范各类权力主体,对法治的各个环节都提出了要求。有人也称之为"升级版"的依法治国,这是开创了"依法治国"的全新概念,也给"依法治国"提出了更多的要求。

以上的这段问答,是我在2014年党的十八届四中全会之后,电话采访时任中国政法大学副校长马怀德的采访文稿。从这段问答中,可以看出马教授的回答充分严谨,说话语气也很正式。基于此,我将上述"问答形式"的采访整理成文,去掉"问"的部分,并将答的部分略做调整,如此更显分量,也更为顺畅。

"依法治国"这个概念最早是在1995年党的十五大提出来的。"依法治国"的概念提出之后,为了贯彻落实"依法治国"基本方略,各行各业又提出了很多"依法治理"的口号,包括依法治山、依法治水、依法治路、依法治县、依法治村、依法治家等。而这些口号和我们这次提出的"依法治国",以及我们对"依法治国"的理解是不一样的。

党的十八届四中全会提出的"依法治国"具有全面

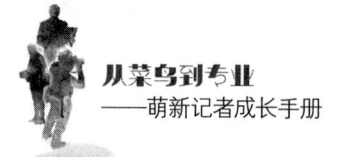

性,即要全面推进依法治国。全面性,是指在以往依法治国的基础上,建设中国特色社会主义法治体系、建设社会主义法治国家,事实上要在立法、司法、执法、守法等各个环节全方位地推动中国的法治建设。另外,此次全会所强调的"依法治国",不仅仅是强调用法律这个手段去治理社会,而且更多的是依法制约和规范国家公权力。在提出坚持"依宪治国""依宪执政",维护宪法权威的同时,也提出了绝不允许"以言代法""以权压法""徇私枉法"。领导干部要提高运用法治思维依法办事的能力。这次"依法治国"的重点放在"依法治官""依法治权"上,是为了通过约束和规范各类权力主体,对法治的各个环节都提出要求。因此,有人也称之为"升级版"的依法治国,这拓展了"依法治国"这一概念的内涵和外延,也给"依法治国"提出了更多的要求。

- 其二,如果受访者说话特别随意,谈话的状态像是在聊天,谈话的逻辑比较发散的话,此时记者就可以考虑将采访稿整理成文,重新确立文章的立意,从而形成一个有谈话主题、谈话框架、谈话逻辑的文字成果。

前些年,我采访一位身居美国的华人。他是个喜欢体育运动的年轻人,他的理想是成为一名"纵贯东西"的体育记者。在美国读书时期,这位年轻人接触过很多国际知名体育明星。我采访他的时候,感觉他似乎"热情有余,理性不足",比如我问他"美国的东、西海岸,哪些地方给你留下深刻印象"的时候,他回答:"我四年内都不想去西海岸,因为我觉得那边会地震,哈哈哈。我最喜欢波士顿！对了，我还喜欢洛杉矶，这座城市有种独特的气质。"而被问及"作为观众，花样滑冰运动员最能俘获你的究竟是技术之精湛还是艺术之美？"时，他答："都有吧，更多时候是感动吧。"每个回答都是那么随性而为，那么生活化，且不在预设的谈话轨道中。

采访过后，我想了想，不如把这样随性的采访整理成一篇短文，以此作为"记者手记"，放在整个采访的最前面，之后，再附上采访原本的文字，还原谈话的一种现场感。我在整理"记者手记"的时候，想到大家一定想要了解这位受访者是谁、他有哪些故事、此次访谈的主题是什么，等等。那么，我在访谈的一开始，就应该将这些重要的信息点和采访主题巧妙地结合起来，形成有逻辑、有趣味、有条理的访谈框架。基于此，我写了以下文字。不得不承认，这样的编排，让谈话有了话题性和结构性，避免采访过程过于随意、过于发散。

世界上有这样一种人，无论他走到哪里，都会惦记着故乡；还有一种人，无论周遭发生哪些变化，都阻挡不了他追求梦想的步伐。身处波士顿的90后留学生L便是如此。在波士顿的黄金时间晚9点多的时候，我和他取得了联系。"我的梦想就是要做一名体育记者。"掷地有声的宣言，在访谈的一开始，就让我对他有了一种莫名的好奇心：为什么要做一名体育记者？他又会给我讲述哪些有趣的故事？

在采访过后，我发觉L在美国漫长的求学过程中，并没有沉浸在自己寂寞的小世界中，而是时刻保持对中国各种体育赛事的敏感和警觉。他和很多体育明星都有良好的联

系和交流，这让他对体育界的各种新闻事件有了更深刻、更立体的认知。对于一个20岁的青涩小伙而言，能近距离接触他感兴趣的生活、感兴趣的体坛偶像，确实是一种幸运。但话又说回来，对一个没有任何准备、不敢下决心的人而言，即使借他三四十载光阴，又能如何？这个世界，运气之神总是会偏爱那些谨慎笃定的内心。

  又到了飘雪的季节，花样滑冰比赛如约在美国波士顿开启，此次访谈我们聊了很多有关中国花滑的境况。我对他其中一句话印象特别深刻："在花滑比赛中，日本的媒体记者、观赛群众要远远多于我们！"一国真正成功的体育应该是全面开花，各项赛事的机制都具成熟性的，同时，民众都能在五光十色的体育运动中找到他们的所爱，形成他们持之以恒的惯性。具体而言，花滑这项体育运动，理应叫人振奋乐观，使人积极向上，懂得欣赏生活之美的律动，而现如今"无人问津"的处境让优雅的花滑略显尴尬。毕竟，再金灿灿的奖牌也未必会照亮人们已经迷失的双眼，无法激活那些郁郁不得志的心灵。本期访谈，我们继续跨洋交流，借助这位L同学的经历，从国际的视角来体悟神奇的体育万象。

- 其三，受访者面对"群访"时，受访者不只接受来自一家媒体、一名记者的采访，记者的提问只是整个采访的一部分。在这种情形下，记者的访谈就显得过于单一。此时，记者不妨建立起"人物"和"主题"并行不悖的两条线索，来展现采访的成果。一方面，记者可将受访者在现场的状态通过整理好的文章表现出来；另一方面，可以将人物所回答的问题与文章的主题结合起来，形成独具一格的谈话侧面和话题角度。

对于"群访"采访现场的文字整合，具体说来，有三个步骤。第一步，着重"人物"观察。也就是说记者要善于观察"群访"现场，受访者身着什么样的服饰？现场有哪些让人印象深刻的画面？记者可以将这些感性的、现场的画面转述为文字，总体的文字风格偏描述，但在描述中要巧妙地加入记者个人的主观感受，让受众能很快地从文章的开篇寻找到某种代入感。第二步，侧重"主题"构建。记者除了准备好自己的问题，并和受访者进行顺畅的对话外，还要关注其他媒体或其他记者所问的问题中，受访者有哪些精彩的回答，将这些都作为"写作主题"的灵感来源和参照角度。第三步，将记者自己的心得体会升华为文章最后的总结部分。这一部分忌讳谈一些"共识"。大家都明了的道理，就没有必要在记者的文章中再去强调。记者要善于通过不同的角度，形成独特的、有新意的观点，让读者看完有所感悟、有所启发。有关这一部分的实例，可参看我对杨澜进行现场采访时的文字整理部分。

萌新
┆
成长

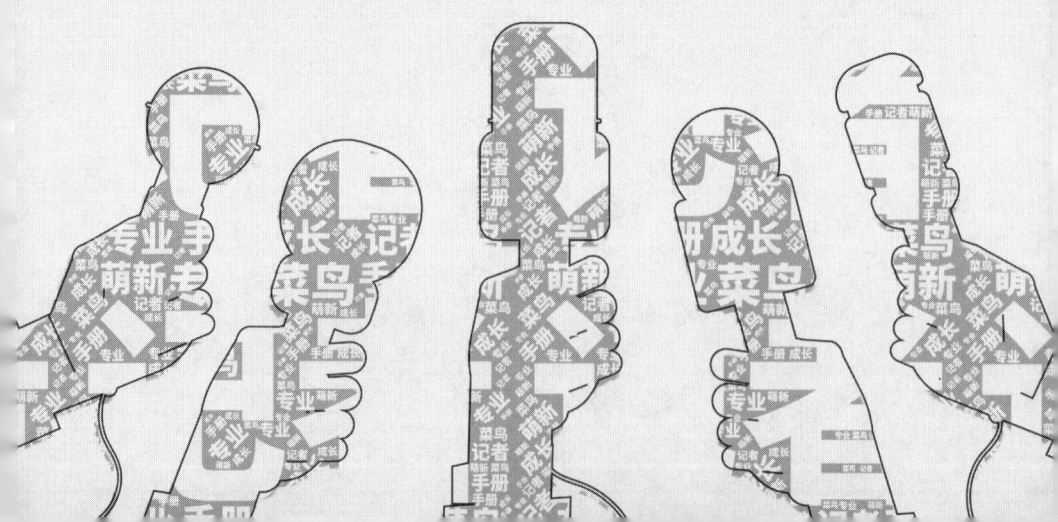

访谈类采访的门道

访谈类采访与普通的采访略有不同。普通采访——不论是文字采访还是面对面采访——都是以"一问一答"的形式营造一种典型的对话模式。访谈类采访,不仅要有一问一答式的"采访",还要有生气勃勃的"对谈"气场,其内容显得更为灵活,表现渠道也更为多元。访谈类采访建立在面对面交谈的基础之上,包含语言和非语言交流(比如肢体语言),这类采访适用于传统媒体及新媒体等。访谈类采访,弱化了新闻性的问答形式,让采访的形式感减弱,增强了记者和受访者间对谈的互动。

学会隐藏观点和立场

访谈类采访和普通采访之间的区别,主要体现在以下两方面:第一,多了"侃侃而谈"的谈话气氛,少了"咄咄逼问"的气势。访谈类采访,侧重一种平等的对话秩序,在这一秩序中记者和受访

者更接近于朋友关系，而非工作关系。但需要注意的是，采访毕竟不等于聊天，记者仍然要在采访之前做足功课，找到采访的主题，提前挖掘出访谈采访时需要的"爆点"。只是，访谈类节目在形式上更加还原了谈话的现场，让受访者有一种放松的感觉。在这样的感觉下，受访者所爆出的"料"就会更有趣，记者所占有的资讯也更具有独家的意义。这就要求记者掌握谈话的艺术，学会隐藏某种观点和立场，将自己"不得不问"的问题，以轻松"聊天"的形式，传达给受访者，让其放下顾忌，由衷地说出一些不为人知的故事，分享与众不同的观点。

访谈类采访对所处的环境有较高的要求。安静、舒适的环境，是访谈类采访得以展开的有利条件；当然，为了营造另类的谈话气氛，记者也可以选择相对嘈杂的公共场所。公众点评率高的咖啡馆、装饰独具特色的演播室、"文艺范"满满的酒吧等环境，都会使访谈类采访显得更为温馨，舒缓的音乐作为背景音，桌子上摆放一些咖啡、茶、柠檬水等饮品，一个相对舒适的谈话环境被营造出来。近来，伴随式访谈逐渐兴起。所谓伴随式，就是记者离开演播室，到受访者实际工作或生活的场所进行访谈，并以一种陪伴和体验的状态，搜罗受访者不同的侧面，将受访者的环境和其对话内容形成一一对应的关系。因此，为了更接近受访者，记者可以亲临其办公场所，亲临其在业余生活中经常光顾的广场、度假村、公园等休闲娱乐的地方。人在不同的环境下，所呈现的状态必然是不同的。在不同环境的"切换"下所进行的访谈，更能增添受访者"多变"而立体的形象，从而在对话环境这一角度，就"先入为主"地将受众代入某种特定的气氛，更为置身其中的访谈注入一股清新的谈话空气。

营造一个好的"开场白"

谈话类采访的忌讳有很多种,但最忌讳的是双方"尬聊"——聊不起来。在采访中,记者提一个好问题固然重要,但从对话的开始到结束,营造一个好的谈话气氛则更为重要。好的谈话气氛,开场白非常重要。一个好的开场白不仅拉近了记者和受访者的距离,也让谈话类采访本身的"谈话气氛"显得更加浓烈。所以,如何营造一个好的"开场白",则成为一名"好记者"的一项必备技能。

- 捕捉现场细节,以某一个细节为谈话的切入点。记者纵然在谈话之前就准备了"一箩筐"的问题,但作为谈话节目,"开门见山"的一问一答的老套模式,会让谈话显得生涩而呆板。所以,记者在现场观察的功力,就要有效地利用访谈的开始。如果采访在演播室进行,记者就可以观察在采访前受访者的言行举止,将独到的观察与现场的访谈巧妙而有机地融合在一起。比如,谈话的主题拟定为"聊聊海外留学生的中国梦",在场的受访者是留学生,他们的着装会有一些不同,记者可以抓住这些不同,以"不同的服饰反射出不同的性格"为基本思路,将不同受访者的不同面挖掘出来,这样不仅会活跃谈话气氛,也让受访者沉浸在一种"有话可说"的状态中,有利于谈话进一步深入地进行。如果记者采用的是一种"伴随式采访",记者置身在受访者比较熟悉的工作和生活环境中,除了可以通过一些可能引起大众兴趣的符号发问、以小见大地展开访谈的话题之外,还可以先"不着急"发问。记者可以在访谈前,先"沉浸式"地体验一

下受访者的工作和生活。比如，记者采访的"目标嘉宾"是一位商界人士，在对他访谈之前，他正好有一个晨间例会要开，记者不妨参与其中，以一个旁观者的身份加入例会中，去观察、发现一些有意思的"点"，而这些"点"就有可能是访谈中随时会用到的"素材"，无形中增添了访谈的现场感、独家性和趣味性。

- 提前做功课发现和挖掘受访者的兴趣所在，也是访谈类采访的一门必备功课。在新闻媒体圈，有一个很流行的说法是，在对一个重要的受访者做访谈前，一定要做足功课，要非常透彻地发掘出受访者的一些鲜为人知的故事。这是受访者在访谈节目前所要做的一个必要的"知识储备"。然而，过于大量的繁杂的知识，会在现场让记者疲于应付。尤其是访谈类采访非常看重谈话的现场感和记者的应变力，记者与其说是将既有的东西机械地"拿来一用"，倒不如说是将已有的积累和即时的对话完好地结合起来，形成一种较为灵活的对话状态。在这一状态中，对话的平等性和互动性也会很好地维持下来。这就需要记者在与受访者对话前，准确地抓住访谈的"主要矛盾"，在万千信息源摆到自己面前的时候，记者应该毫不犹豫地优先选择受访者的兴趣点。因为，受访者的兴趣往往会让其产生一种想要表达的魔力。其实，在这种魔力的感染下，受访者说什么往往不是最重要的，而他谈论自己兴趣的那种情绪、那种节奏、那种状态，是谈话类访谈中所特别需要的。至于受访者的兴趣，有时候是可以通过访谈前的准备直接获得的，而有些则是需要记者在现场中带着职业敏感去"挖掘"出来的。

某一年的访谈中，我采访一位业界内德高望重的学者，他在谈到一些问题时会说"如果从佛教的角度来说，这应该是一种什么样的原理"。第一次听，我还"不以为然"，但随着受访者多次提及，我推测这位受访者可能是位宗教爱好者，于是大胆地在适当时机接了一句："我发现，刚才您在谈问题的时候，都会用一种佛教的逻辑来思考问题，所以您平时一定少不了对佛教这一宗教的关注……"话音未落，这位专家就显示出更为浓厚的谈话兴趣，滔滔不绝地说了一些真知灼见，而这些观点让那次访谈显得很有分量和趣味，也形成了独家资源。

- 记者在访谈类采访中，要打开受访者的"话匣子"，还有一个屡试不爽的"秘籍"就是制作一个音频、视频或是图片集，勾起受访者无穷的回忆或是感悟。在访谈之前，记者可以圈出以受访者为中心的亲人、朋友、良师等关系网，就一些问题对他们进行采访，形成"访外访"，扩大谈话的场域范围。"访外访"是在正式采访之前进行的，看似是独立的，其实与正式的访谈有着某种呼应的关系。"访外访"的表现形式，就是利用录音、录像、编辑软件等一些科技手段的排列组合，达到访谈类采访所覆盖范围的最大化和最优化。就录制音频而言，随着现代技术的发达，记者即使不与受访者见面，也可以较为轻松地拿到第一手的音频资料。在录制视频录像的时候，记者一般是要与正式访问时受访者的良师益友见面的，这时可以在画面上做一些"文章"。比如，加入一些可以唤醒受访者回忆的物件、选取受访者能够有所回忆的生活环境、增强受访者良师益友表情的视觉表现力等，将一些想要表达的立意很好地通过视频的录取和制作

淋漓尽致地展现出来。除此之外，记者还可以通过一些制图软件，将一些与访谈主题相关的、能体现出受访者不同侧面的视频、图片有机地组合起来，形成一个5~10分钟的小短片，在正式访谈过程中合理的谈话时机下播放，往往也会起到意想不到的访谈效果。

- 访谈类采访的"开场白"，也可以围绕与采访主题相关的热点事件展开。其实，这个方法算得上是访谈类采访中的"万金油"，从某种程度上来说，也是访谈类采访的一个重要组成部分。在访谈类采访之前，记者需要结合采访话题，来选择性地罗列出与访谈主题相关的热点事件，以调节气氛。其本身是否深刻并不很重要，重要的是要让受访者能有话可说、有话想说，并让这种谈话的节奏和气氛逐渐渗透到接下来的访谈进程中。以热点事件来展开谈话，其实主要有两种情形。一种情况比较适用于"开门见山"的访谈模式，即访谈从一开始就以热点事件作为一个介质来进入话题中，凸显出谈话的新闻性，之后的访谈则是对热点事件的衔接，热点事件的出现频率一般也集中于访谈之前。另外一种情况则是纯粹用热点事件来调节气氛，它的出现频率可以是反复的、发散的，只要谈话的气氛由此而生，对这一热点事件的处理就可以点到为止。比如，我在采访一位文艺界明星的时候，在采访的一开始我就大概梳理了一下各大媒体在近段时间对这位明星所参演电影的正、负面评价。这位明星很快投入到我们谈话的气氛中去，他开始在接下来的访谈中侃侃而谈。其实，这个新闻事件在访谈的后半段时间也提及过，但一开始就提出来，显然对营造良好的谈话氛围起着巨大的作用。

- 在访谈中有一大忌讳，就是要慎用"尖锐性"的问题作为

"开场白"。"尖锐性"的问题说到底,其实是一种"激将法",是要在较为紧张的气氛中,挤压受访者思考的惯性,使其在更为极端的条件下得出"非同寻常"的观点和论断。这对于时间比较紧张的常规采访来说,未尝不是一个"锦囊妙计",因为在有限的时间内,尖锐性的问题往往可以尽快地打开受访者的思维,让其在相对密闭的思维逻辑下,讲出实话、真话和非同寻常的话。

访谈类采访需要营造一种较为和谐的氛围,尖锐性的问题不是不可以问,但一般不适合在访谈伊始盲目使用,即使提问,也要注意表达是否得体,总之,态度真诚,不卑不亢。访谈类采访固然是需要"爆料"的,记者在访谈中大胆地对话题和信息进行挖掘和激活,是值得鼓励的。但谈话也应建立在尊重对方的基础上,通过查看对方的面部表情,从中调整自己尖锐问题的尺度、持续时间和表达方式。

一、谈话气氛如何营造:一个原则 + 一剂"辅料"

如果说一个好的"开场白"是访谈类采访成功的一半,那剩下的一半成功就要归功于谈话气氛的营造。在访谈类采访中,记者要明白,真正决定采访质量的并不一定是采访问题本身,而从某种程度上来讲是采访时的谈话气氛。换句话说,如果记者在采访中没有激发出一个让受访者"想说话"的欲望,那么这个访谈就很可能失败。因为,访谈类采访偏重的是激发,而不是记录。也就是说,记者应抛弃"一问一答"的刻板模式,让采访沉浸在一种类似于谈心的"话语场域"。同时,记者还要防止访谈类采访沦为"一言堂"的倾倒,否则就失去了访谈中双方对等交谈的

意义。

可以说,在访谈类采访中,谈话气氛的培养有一个总原则——记者要将自己沉浸在受访者谈话的语境中,要站在对方的角度来考虑问题,让对方相信这次谈话是"愉悦的",使其愿意敞开心扉谈出他内心的真实想法。一个打不开"话匣子"的访谈类采访,一般都是因为记者过分地、专断地站在自己的思维角度,让受访者有一种"道不同,不相为谋"的先入为主的偏见,从而影响了谈话的顺利进行。在访谈实践中,有很多记者做了大量的、充分的事先准备,但在采访中,就是勾不起受访者的兴趣,这其中的重要原因,就是记者过于呆板而刻意地用收集的资料来"妄图"代替访谈过程本身,这让访谈从一开始就陷入了僵局。

当然,这个总原则也是相对的,它想要发挥功用,还要配以一种重要的辅料——记者也要跳出对方的思维局限,开启独立"旁观者"的观察模式,辩证地看待受访者的一些言论观点,并在适当的关头在访谈中加入一种批判的色彩,让访谈内容更加充满思辨、更多元、更丰满。有时候,一种过于"顺从"的访谈,反倒会让受访者产生一种无聊而厌倦的情绪,受访者会觉得他不管说什么,记者都是盲从地接应。而一个记者"嗯嗯啊啊"的语气和神态,也会让受访者认为记者没有立场、没有思想、没有观点,甚至会觉得记者太过"业余",没有做好功课,以致敷衍了事。可想而知,这种被受访者怀有某种重大误解下的访谈,一定不会是精彩的,也极有可能成为一次平庸的交谈。

在这一总的原则和辅助的注意事项下,记者要在以下重要的环节做好工作,以确保访谈类采访能在细节方面营建和支撑谈话的气氛。记者也能因此练就自己各方面的技能,让一个看似简单的访谈,在良性谈话气氛的激发下显得更加有趣味、有意义、有重量。

二、让对方想说话的另一"高招":对"关键词"的挖掘

在访谈类采访中,记者要记住受访者所谈及的"关键词",这些"关键词"既包括受访者在访谈中经常提到的"高频词",也包括受访者通过语气所要传达的"新概念",还包括受访者提到的一些与众不同的"有趣的词"。这一个个的关键词,其实就是受访者在"随意"的语境中"集中表达"的主题或是情绪。

那么,记住这些"关键词"对于访谈类采访有何实际作用呢?第一,记者在访谈中要充当一个"有心人"的角色。通过对谈话中关键词的记录,可以让记者在极短的时间内明白对方所要表达的主要意思,在访谈中进行及时的"点题",营造一个和谐互动的谈话氛围。记者在谈话中,巧妙地运用"关键词",能够用受访者所谈到的东西来强调、验证或是质疑受访者的观点,自然会让谈话显得更加生动,将访谈朝着有利于记者"自由交谈"的方向推进。

第二,关键词的及时应用,会使话题在较为合理的节奏中实现平稳的过渡。我记得,自己刚开始工作进行采访的时候,特别喜欢用"下一个问题是……"来作为话题过渡的"惯用语"。当时,我的领导就告诫我,这种方式显得过于呆板、不自然,如果用其他较为灵活的方式来处理,谈话气氛和效果会更好。通过反复琢磨,我悟得,将关键词进行一种纵深化的延伸,会让话题之间的衔接"天衣无缝"。如果受访者在谈话中提及一个"新概念",但他并没有进一步阐述,此时记者就应该继续追问。比如,一个受访者在若干年前就提到了"人工智能",当时这个概念并不流行,此时记者就可以追问道:"您提及的人工智能很有新意,但这种新意是否可以切实走进老百姓的生活?它在未来可以有哪些发挥的空间呢?"这样一来,访谈的话题就自然地切换到了对具体问题、对未来趋势的探讨上,从而让大家

对这个陌生的"新概念"有了更为深入和精准的认识。

第三，关键词的巧妙使用可以活跃谈话的气氛，让受访者在一种友善、亲和的氛围中找到谈话的"乐趣"，进而打造一个完整的、成功的双向交流模式。比如，有一次记者在主持一个"这些国家有哪些'怪癖'"的访谈对话中，各个国家的青年朋友聚集在一起，"吐槽"各自国家的一些好笑有趣的事情。有个法国的女同学说，法国人很爱吐槽、爱抱怨，不管遇到什么事情都要吐尽心中的不快。而轮到一个美国人说他眼中的法国人时，那位美国人"抱怨"法国人喜欢"迟到"。这时，现场负责主持的记者就可以接着说："对呀，法国人就是爱抱怨嘛，如果不迟到的话，他们还怎么吐槽啊。"在现场，主持人对于"吐槽"这一关键词灵活地、睿智地加以运用，引来了现场受访者的会心一笑，激起了各方更加热烈的讨论。可以说，对一些有趣的"关键词"的发散和联想，不仅会巧妙地实现不同话题的衔接，还可以唤醒受访者的表达欲望，让他们"放下防备"，营造一种轻松、俏皮的谈话气氛。

不同话题衔接的技术与艺术

记者谈话氛围的营造，除了要注重服饰、表情、关键词等的捕捉，还有一个重要的环节不能忽视，那就是话题间的衔接。记者如果在每个话题的间隙都生硬地抛出问题，势必会让受访者觉得这不过是一个"例行公事"的采访工作，从而缺少与记者互动的热情和兴趣。尤其对于一个相对随意的访谈类采访，自然而然的"过渡句"是区别于其他普通"例行采访"的一大特质。因此，一个优秀的记者，应该学会几个"衔接话题"的妙招。

- 记者可以找到不同问题间的关联，制造出承上启下的句子，来作为访谈中连接不同话题的桥梁。在采访之前，记者一般都会草拟一份采访提纲，在这个提纲中，记者会把可能涉及的问题都罗列出来。但必须正视的是，访谈类采访要更接近于"闲聊"，因此记者可能心中会记得要问什么问题，但这些问题的顺序在现场交谈中会和事前草拟的、罗列的有所区别。这就要求记者要在极短时间内，将此刻谈及的话题与即将要提及的问题，自觉地构筑一种逻辑上的关联。

比如，有一次我在某年年底采访了一名企业总裁。第一个问题其实是一个"热场类"的话题——这一年，您的公司在网络社交领域有哪些收获和损失？这个话题比较开放，受访者也就此"侃侃而谈"，受访者谈兴正浓，以致不能及时切换到第二个话题——中国网络社交在这一年的发展现状如何。

就在这时，剧情发生了"逆转"。访谈是在这家企业总部进行的，在谈话的间隙，我注意到采访现场"张灯结彩"，圣诞树、红灯笼闪闪发亮、精美绝伦，很有过节的味道。一时间我想到访谈可以此为切入点，自然过渡到"小公司"与"大国家"、个体与整体的关联。我随即说道："您看，最近要过节了，贵公司张灯结彩，很喜庆。而我在来贵公司的路上，也同样看到了大街上装饰一新，很有节日的气氛。公司也好，国家也好，总是要庆祝新日子，反思旧日子。刚才您畅聊了贵公司这一年来在网络社交方面的得与失，接下来也和我们分享一下中国这一年来在网络社交方面的得与失吧。"这样的一个承上启下的句式，既应景，也自然。

承上启下的句式有很多种，以下罗列三种主要的类型。（注：A代表现在谈及的话题，B代表即将要进行的另一个话题）

1. **并列思维**：找到A和B所重叠的共同点，从逻辑上实现从A到B的转化。

比如，您刚才所提到的问题，不仅在中国存在，其实在国外的有关方面也有所重视和关注。国外对此问题的关注点和我们有何不同？他们所采取的措施，又有哪些值得我们借鉴？

2. **递进思维**：表面上A和B是两个不同层面的内容，但如果A进一步地延伸和拓展，就会和B有所关涉和牵连，从而在记者和受访者间形成一种奇妙的"谈话场域"。

比如，您刚才谈到讲好中国故事，政府要加大对电影的重视和投入，那么除了电影，我们还应该在哪方面有所突破和拓展？

3. **转折思维**：A和B之间存在某种对立或不对应的关联，经过衔接和过渡，让两个对立话题或者是两个看似不相关话题之间自由地切换。

比如，您提到的这个观点很有新意，但还有一种说法是从另一个角度来阐释的。您对这样的说法是否认同？

- 在受访者说到一个比较重要的信息的时候，记者在访谈现场要时不时地确认信息，来增强一种情绪，这种情绪可能是赞叹，可能是强调，可能是不可思议，从而让受访者更好地在某一个谈话的气氛中展开他的阐述。尤其是对于访谈类采访而言，过于密集的"盘问"会让访谈多了一些信息量，却缺少了一些美感和舒适度，而这些美感和舒适度，对于一个"健康的"访谈来说也是不可或缺的。

基于此，记者更应注重对一些重要信息的确认或是强调，来烘托一种情绪。记者要让这种情绪而非问题本身催发受访者的"聊天欲望"。

比如，有一次在我对一个科学考察队员做现场访谈时，受访者说："去南极旅游我最害怕的不是那里捉摸不定的天气，而是如何避开那些匪夷所思的洋流。"听到这里，我可能会和大多数读者一样，一头雾水，这时，我禁不住问："哦？洋流？为什么？"简单的问话加上疑惑的表情，会激发对方对"洋流"这个概念的进一步解答。

当然，这种对信息的确定或重复，还可以起强调作用。比如，受访者会在采访中说："获得此次比赛的关键，我觉得是决心。"这时，记者可以接应道："哦，决心。"或者可以回复为"决心？"不管哪种接应，都会给受访者一种潜在的暗示——请您好好聊聊有关"决心"的故事和意义，从而让对话在一种简单的互动中，得到意想不到的拓展或是突破，从而进一步推进采访主题的深化。

- 在访谈对话中，记者可以适时质疑，来激起受访者对某一问题的真实想法。这种质疑型的问题或语气可以在访谈的初期运用，目的是在对话一开始，就可以开门见山地激起受访者表达的欲望。但这种情况下，记者一定要确认受访者对这一问题是有"表达能力"的，即他在这方面有一定的发言权。否则，受访者基于对陌生领域的"心慌"，要么是避而不谈，要么是搪塞敷衍，难以一时间将看似很有争议性的问题解释清楚。

访谈中的质疑也可以用在谈话的中后期,这种情况多适用于那些"慢热型"的受访者,他们往往谨言慎行,对现场的熟悉需要一定时间。在这里要注意的是,记者的"质疑"并不是毫无常识性的,而应做足功课,以期与受访者碰撞出思想的火花。

有一次我去采访一位在某一领域颇有话语权的名家大家,在谈论一些问题的时候,他依然按照权威的表达模式来阐述话题。这听起来没有任何问题,却缺少一些新鲜的内容。我灵机一动,就质疑道:"您这样的观点,某些人提出不同的声音……"话音刚落,他目不转睛地看了我一眼,之后就换了一种"表达风格"——更激烈、更有趣、更新意,之后他说的每一句话都充满个性,成全了一段独特的对话。可见,对于略显陈旧的对话模式,质疑不仅会让整个谈话多了一些与众不同的新意,也让话题之间的切换、情绪的转换有了一个水到渠成的过渡,而这也是访谈类采访最令人意想不到的惊喜。

- 在对不同的话题进行切换时,受访者可能因为置身于一个相对随意的谈话气氛中,会对自己所谈内容的上下语境不那么在意。同时,在这种"随意性"的萦绕之下,他们似乎也不是很在乎不同话题之间的逻辑关系。此时,记者就应该在话题转化的时候,注重对话题内容本身的"唤醒",这样的提醒有助于受访者在一个相对畅通有序的话语逻辑中寻找到对谈的趣味和秩序。

在话题的衔接过程中,记者的这种"唤醒"功能大致可以分为三种类型:一是受访者在上个话题中谈到一个"点",但没有展开,但其对话题本身有种推进或过渡的作用,记者在谈话中应尽量就受访者"话到嘴边"的话题继续展开。比如,可通过"您刚才谈的那个点，我们都很感兴趣""关于刚才您提及的A话题，我可不可以从另一个角度来理解"等衔接的话，铺设一种继续谈话的气氛，让话题的过渡不显得唐突。二是受访者所谈的话题，遗漏的一个点，为了确保完整或是趣味，记者可以适时提出一个继续对谈的要求。比如，受访者在谈到欧洲各国语言的适用性时，说了英语、德语、意大利语、西班牙语，在开启下一个话题之前，记者应该敏锐地意识到，受访者还没有就"法语这一语种在欧洲的适用性"畅谈其心得，而法语在欧洲算得上是一种很有影响力的语言，有很多受众都想了解法语的适用情况，同时又是一种充满"情调"的语言，可以给谈话增添几分"浪漫"的趣味。于是，记者可以适当地将受访者这个遗漏点提出来，让谈话本身更完整、更有趣味。三是受访者在谈话中，可能会有彼此不一致和矛盾的观点，此时记者也应该敏锐地感知到，并及时提出来，以唤醒受访者"错乱"的谈话神经。这就要求记者在整个谈话过程中，做个用心的聆听者，时刻表现出对访谈中逻辑主线警觉的状态。除非访谈本身就需要或追求一种无厘头的效果，否则记者不能让对话成为一种不严谨、不负责的"漫谈"。在谈话中，必要的纸笔记录是很重要的，这会帮助记者时不时地点醒自己，从而点醒受访者，点醒对谈的逻辑脉络。

如何让你的访谈"不冷场"

在访谈类采访中，记者最害怕的是什么？冷场。如果受访者总是提不起兴趣"高谈阔论"，谈话本身就会陷入一种可怕的沉默中，此时就需要记者的现场应变力和对话题的掌控力。"车到山前必有路。"结合我们前面谈到的各式各样的"法宝"，记者只要静下心来，不慌乱，总是有行之有效的解决办法。这里再给大家推荐

两个立竿见影的重要"贴士"。

第一，从防患于未然的角度来说，记者首先不要去在意问题、技巧、眼神等一些小细节，而要有一个"大视野"——在话题开启之前，注意好谈话"快"与"慢"的节奏平衡，让谈话达到一种错落有致的效果。这也就是说，记者不应该在对谈一开始就急于抛出一些"好问题"，待到"好问题"都问完了，对话很可能就陷入一种"无话可说"的境地。记者问题的排列组合固然要事先准备好，但更需要基于受访者的现场感受、习惯、兴趣等适当调整问题的角度，让话题朝着令受访者更舒服的方向进行。

如果谈话正在进行中，从一个话题切换到另一个话题的时候，受访者基于各种原因，话到嘴边说不出来，这也会造成一种尴尬的局面。此时，记者就应该在谈话的"空白期"，根据对现场的观察和经验，尽可能地丰富话题的相关背景资料，补充一些信息点，从而激活受访者的灵感。

当然，这就要求记者在采访之前，充分准备与话题相关的材料，并熟知受访者的兴趣点或研究领域。记者即便做了充分的准备，也许在对谈中并不够用。记者还需要在采访现场"顾左右而言他"，即在谈话过程中，随着双方交谈越来越深入，谈话内容离记者的知识结构越来越远，谈话难以继续下去时，记者应大胆地、及时地抽身出来，跳出话题本身的圈子，设置一些别的话题，这些话题可能是受访者感兴趣的，或者是能够激起大众共鸣的话题。同时，记者还可以在对谈的空隙时间"见缝插针"，在"闲谈"得差不多的时候，随机应变，找到一个更好的角度来延续"未完成"的访谈。这样，记者与受访者的访谈本身就更具有"谈话的气息"。在一种相对浓烈的谈话气氛中，双方说什么不重要，带着相对舒适的情绪对谈才更重要。

菜鸟
∶
专业

萌新

成长

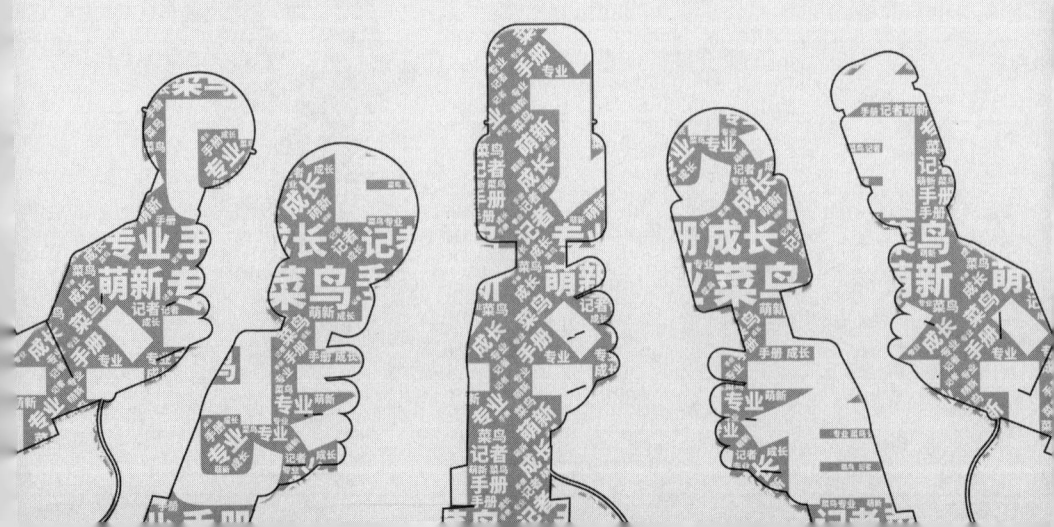

朋友遍天下

"记者"这一名词,是从西方流传而来并被赋予一种"将新闻和信息传播给公众"的职业和角色。其实,记者是一种基于社会交流而产生的职业,如果用四个字来概括这个职业的话,那就是"广闻天下"。所以,记者的产生和发展,是社会化程度进一步深入的产物,也反映了一个社会中人际传播和交流逐渐频繁的需求。作为一个"信息中介",记者的工作一方面要连接到"信息源"并将其制作成一条产业链;另一方面要联系到民众,达到"广而告之"的传播效果。

翻看一个记者同行的电话备忘录或是微信朋友圈,我们可能会发现一长串名人大亨、各界名流的名单。作为"社交使者"的"大记者",记者这一职业被很多人视为"谈笑有鸿儒"的社会精英,以至于有些人在生活中遇到诸如下水道堵塞、官司无法顺利执行,或是想找商业合作伙伴等问题的时候,他们会"首选"记者来帮他们解决各种各样"棘手"的问题。一些人想当然地认为记者神通广

大,广交天下客,这似乎是记者这一行业留给大众的普遍印象。

记者,为什么要交朋友

对于大部分记者来说,"朋友多了,路好走",这似乎是一条至理名言。记者这一行业是一个社交性的工作。这要求记者应具备与社会保持密切接触、与人频繁打交道的素养和意识。

记者占有的有效信息越多,他的成长就越顺利,而这些一手信息从哪里得到?无疑地,人际传播中的"口口相传"最为原始,也最为直接。虽说在互联网时代,各种信息俯拾即是,但记者需要的并非杂乱无章的"信息",而是经过"证明"的"有效信息"。何谓"有效信息"?通俗点说,就是真实的、"被认证"的信息。记者不能向社会大众传播未经证实的"谣言",否则就背离了记者的职业道德和社会伦理。有效信息,就像是古玩市场的"真货"一样,它需要人们的寻找,更需要记者这类"行家"的"鉴别"。如果记者在各行各业的朋友越多,其拥有"有效信息"的潜在可能越大,采编的东西就会更受欢迎。

从根本上来说,记者这一行当需要的并不是"平台",而是"口碑"。好的平台并不能证明一个"好记者",但如果有好的口碑,他就必然会有一定的知名度和认可度。记者要交朋友,这是从职业的客观需要来说的。主观方面,记者也有靠近社会名流、接近新闻现场、观察社会百态的动机需要。

据我观察,大多数记者都有一些异于常人的"怪癖"。比如,有个采访了很多名人的"大记者",他很喜欢收集不同人的名字,有时他看到陌生的号码,就会第一时间询问对方的名字和就职的单位等信息。他把每个人的名字进行收集、分类、整理,形成一个庞大的"姓名数据库"。他经常对我们滔滔不绝地"讲授"某类姓氏的人一般是来自某些地方,名字里有某些字的人性格一般比较内向、喜静,名字特殊的人基本可以知道他们的家境如何,等等。他对人名的研究痴情过度,自成一派。这样的"怪癖"帮助记者换来一个"好口碑"——他从不会把只有一面之缘的"陌路人"名字叫错,而且每次和朋友谈起名字来,他都游刃有余、头头是道,这让访谈从一开始就奠定了友善和温暖的基调。

再比如,我认识某位从事国际报道的知名记者,他会在大半夜通过微信语音的形式给我发送他的"英文即兴演说",大概的内容就是他去哪里采访了、他采访的人如何、他对到访城市的印象,等等。他在采访时英文的流利程度和思维的缜密程度,都会让受访者和观众拍手叫绝。因此在媒体界,他也被冠以"才子记者"的美称。好奇、外向、侃侃而谈、渴望了解外部世界,成为这一职业群体共同的性格和素养,也促使记者成为一个个"社会活动家""交际达人""社会瞭望者"和"交友之王"。

一、记者不可忽视的"软实力"

是不是所有的记者都拥有四通八达的朋友圈系统?答案是否定的。记者作为一个职业固然能结交到社会各界高朋贵友,但记者本身的"社交能力"更为重要,它决定着一个记者是不是能在极短的时间内结交到各行各业的朋友。换句话说,光是把一个记者捧到一个高高在上的位置,而他本身缺乏"交朋友"的能力,是不会达到"呼朋唤友"的境界的。与此同时,对于刚进入记者这一行业的"朋友"来说,他们确实是想在社交方面多一些拓展的空间,但很多记者只局限于在自己既定的圈子内徘徊,在圈子之外的拓展方面则是无所作为。其实,记者不应该沉浸在自己的小世界中,而是

要利用社交中介的身份便利，开拓专属于记者自己的朋友圈。结交朋友的能力，一般很容易被忽略，但它构成了一个记者的"软实力"，可以在无形之中成就一个"大记者"的梦想。

我认识一个记者，他从事的是能源方面的新闻报道和采访，他的工作内容很简单，写稿、采访都有固定的模板可以套用，这与他心中想象的"风云记者"有所出入。他喜欢汽车，在某一交友软件上遇到一个从事汽车行业的"小伙伴"，通过那位"小伙伴"的朋友圈，他得知了很多有关汽车的交流活动。在一次活动中，他主动认识了汽车领域很多志同道合的朋友。在畅通无阻的交流过后，他想了一招——将大家在汽车方面比较关心的话题，通过录制各种各样的"汽车达人"的现场采访（这些采访有街采，有专访，有深度对话，有直播）固化下来，形成一个个有意思、有意义的短视频。这些短视频经由传播，形成了数目可观的"粉丝群"，这位原本从事能源的记者，使出了"浑身解数"，像滚雪球一般，汽车产业领域的朋友越积越多，为己所用。不得不说，这是一种强悍的能力，也是记者社交能力的具体展现。一个"优秀记者"恰恰应该具备这样的能力。

记者进入媒体，意味着他可以接触到很多人和事，但在进入职业生涯之后，更应该有意识地培养自己的"社交能力"。没有一个受访者喜欢"高贵冷艳"、沉默不语的"内向型"记者，这会让采访从一开始就显得不友善、不热情，记者需要和形形色色的人打交道，需要应变、激情和协作。因此，一个"大记者"应该让自己的性格变得更加外向，更加虚怀若谷，能够包容不同的人、不同的喜好、不同的生活方式。归根结底，记者不能因为自己处在"镁光灯"的照射下，就失去主动靠近社会中一个个"陌路人"的好奇和热情。记者不能陷入"孤芳自赏"的小世界中。可以说，脱离了百般世态,记者不会在采访中有所亮色、有所突破,只能在他既有的刻板思维模式下裹足不前。

二、记者交友的四种类型

如何打破禁锢自己的樊笼,打开人脉圈子,交到越来越多的"高朋挚友"呢?概括起来,有以下四种主要的类型。

- 仪式性的交友逻辑。从人际传播的角度来说,交朋友应该是一个层级结构很分明的过程。交到"一生挚友"当然是人生之幸事,但"泛泛之交"也不可获缺。基于传统文化的浸润,中国人一般对"泛泛之交"持有否定、消极的态度,觉得"泛泛之交"没有营养,对个人成长起不到实质的作用。而这一逻辑思维对于记者来说,是有害的。基于仪式性的"点头之交",虽然不够深入,但更多场合的"刷脸"和交往,可以让记者迅速打开自己固有的思维和心境,有利于记者培育一个海纳百川的跨领域视野和逻辑。记者所要面对的是一个纷繁复杂的社会,应该通过各种社交场合,和不同的人、不同的群体"点头寒暄",从而更生动地感知这个社会最为鲜活的脉搏。

记者在仪式性的交友模式中,不一定局限在其结交了多少"靠得住"的朋友,而是在各行各业的接触中,是否突破了惯常的思维模式,开拓了其看世界的视野和思路,从而在心态上拥有"见过大世面"的经验优势。这对于那些想要培养"记者范"的人来说,是非常重要却又常常被忽略的一个环节。仪式性的交友,有一个显著的特点,就是"点到为止"。在交友过程中不求聊得多么投机、多

么深入,当然也不等于多多益善,不意味着交到的朋友多而杂、杂而乱,而是说记者交到的朋友要分散在不同的领域,这些不同的领域对于记者观察事物、思考问题,以及实际工作都能注入与众不同的视角和灵感。基于此,记者也应该不失时机地促进自己的"泛泛之交"。具体而言,记者可以参加不同平台、不同组织所举行的推介会、发布会、交流会、新书分享会、媒体吹风会、晚宴、酒会等一些非正式的活动,要以一种积极的、随和的姿态将自己纳入不同场域的气氛中。

- 专业性的交友初衷。我身边总有一些朋友问我:"对于记者而言,交友最应该图什么?"这本来就是一个伪命题。因为真正的朋友是互相吸引的,而不是互相利用的。但是,我们日常生活中所说的"互相吸引"或者"随缘",对于记者群体而言则似乎显得有些模糊,无法用具体的标准来衡量。记者交友的"吸引点"并不在于"缘分",而是"专业"。因为记者这个职业注定了他们要将自己培养为"博学家",铸造为"杂家",记者这一群体不能以"我不是这个专业"为理由而抗拒相关方面的报道、采访、组稿等环节和内容。记者固然可以利用业余生活来"补课"、来"自学",但若记者利用自己的"职业便利"交到各个领域的"博学"朋友,并与其进行深入的接触,那么他策划出来的选题、做出来的采访会更加专业,更受欢迎。"包围"在记者身边的各界专业人士会在谈笑风生之间给记者更为详尽的、深入的专业思路。反过来说,记者在交友的过程中,观察和看待事物的视角越来越专业,也可以"吸引"更多的不同专业的人士"围观"。与不同行业的朋友交流不同的观点,完善各自的知识构架。

一个好的记者，不在于他是不是"热情的"，甚至不完全在于他是不是"勤勉的"，而在于他是不是"专业的"，"专业"是记者的魅力所在。换句话说，两个记者，一个懂专业、懂门道，一个只是充满激情、盲从努力，他们所进行的报道、所策划的采访则会有千差万别的效果。尤其是现在以受众的"细分化"为特点的新媒体生态下，记者所具备的专业视角越是多元、越是细致、越是专业，就越容易得到人们的认可。所以，记者在交友最初的时刻要先告诉自己，要专业，要深入，要有针对性；不要靠感觉，不要太随意，不要迷信"随缘"的交友模式。

- 机制性的交友进程。对于记者同人而言，交友并不是一个静态的过程，而是一个动态的进程。也就是说，记者的交友不应该是一种被动的等待，还应该是将交友这件看似可遇不可求的事情动态化、机制化。记者要让自己置身于结交各领域高朋好友的流程中，让自己的交友进程更畅通无阻，更有迹可循。比如，每一个记者都可以审时度势地来梳理一下自己可以轻易够到的领域——负责文体方面的娱乐记者，可以通过参加一些文艺演出、体育比赛等活动，在活动间隙或活动结束之后，以进一步沟通和交流为契机来结交朋友；负责时政的记者，则会经常接触到一些官方或学界举办的研讨会、媒体见面会等活动。

记者应该将一段时期内可能参加的活动，制作成一个专属于自己的"日程表"，如在不同的活动中应该结交哪些"朋友"，这将成为记者在业务工作中的一大财富。从某种程度上来说，未雨绸缪的交友流程，会让记者在处理纷繁复杂的业务问题时更有保障，更有"底

牌"。记者这一职业需要将每一个环节都做到"细分",而交友这一看似"随遇而安"的环节,也应该成为一个着力点,从而步步为赢。

- 灵活性的交友方式。记者交友正确的打开方式,可以是这样的——通过直播来和观众进行深入的互动;也可以是这样的——通过参加读书会来和业界大咖聊理想、谈人生。记者的交友方式和交友思维,更应该有点双子座式"脑洞大开"的味道。毕竟,一个优秀记者的功力,不仅表现在他的业务能力方面,还在于他的交际能力和社会影响力。自成一套的交友风格和待人接物的方式,都会成为记者这个独特职业气质的重要表现。具体而言,记者要找到一些适合自己的交友方式,然后将其发挥到极致,定能让自己积攒到意想不到的"朋友圈"资源。

我的一个记者朋友开设了一个微信公众号,每期都会设置一些社会热点话题进行"街访","吸粉率"异常高,深受"陌路人"的欢迎。在街访的过程中,这位记者朋友积攒了很多"陌路人"资源,通过和他们的深入交流,从而实现涨粉,最后吸引了很多广告商来寻求合作。当然,每一个记者都应该形成属于自己的交友的"特异功能",并借助一定的平台和时机将其灵活地拓展到生活中的方方面面,久而久之就会收到意想不到的效果。

三、人际交往中不可不知的"窍门"

在记者的交往过程中,"一张口""一投足"基本上就给人留下了难以更改的"第一印象",这使记者要注重人际交往中的一些"潜规则"。当然,人际交往是个大学问,这对记者来说,更要结合自己的实际情况来灵活处理,这里可以罗列一些重要的、容易被忽略的小细节,以便记者在实际交往中,更有效地、更快捷地寻找到他们心向往之的神秘"有缘人"。

- 在第一次交往聊天的过程中,不要询问对方过多的信息(对于一些隐私即使再感兴趣,也最好克制不问),但也不要"一声不吭",要恰到好处地把握好交往开场的"度"。前者容易让对方有所反感、有所警戒;后者会让对方觉得气氛很冷,而丧失了进一步接触的兴趣。
- 以天气开头,虽然是"搭讪"的万金油模式,但不见得是最佳选项。对于记者来说,对方的服饰、兴趣爱好,以及举手投足之间的细节,都可以成为聊天得以延续的"噱头"。细致的观察力,是聊天进一步延续的一大法宝。
- 在聊天的时候,不仅要关注对方语言回复了什么,还要细心地观察对方的"微表情"传递了哪些信息。所谓"察言观色",不仅要看对方说了什么,还要看对方的表情展示出什么。通过表情,判断情绪,从而掌控聊天时的"主基调"。
- 如果在现场或第一次接触时,记者发现对方对自己不是很感兴趣,但自己又觉得有必要接触对方的时候,不妨将自己的名片、微信号(或微信公众号)以比较自然的方式与对方交换。这样,记者就可以在接下来的时间内,仍然与对方保持一定的联系。
- 在第一次交往之后,记者得到对方主动的回馈时,一般情况下,可以判断对方有进一步接触的"兴趣"。此时,记者不能盲目乐观,不应理所当然地"守株待兔",而应主动出击,让对方的主动和自己的主动形成完好的衔接,促成彼此

间一段美好的情谊。

- 对不同类型的朋友,记者要有一个简单的"归类"。要从一开始,就对自己的朋友形成一个较为明晰的"数据库",并随着时间的推移进行一定程度的调整,让不同类型的朋友借助各种场合、各种机会,刷刷"存在感",强化他们在自己的生活中所应扮演的重要"角色"。

- 除了在节假日,记者要在适当时间与不同的朋友保持各式各样的接触和互动。比如,在对方生日到来之时,在对方沮丧的时候,在对方寻求帮助之时,或者在对方比较重大的时间节点来临时,记者要大胆、主动地进入对方的生活中,一个寒暄,都可以将对方的心"俘获",建立起与对方的良性互动。当然这一切都要顺其自然,记者要真诚,减少矫揉造作,尽量避免类似"节日愉快"之类的"群发信息"(在一定的情况下,信息可以群发,但要注意头衔、称呼不能错,而且群发内容要有个性、有创意)。

- 在合适的时间,记者可以深入对方的生活中,比如和对方一起踢球、一起旅游、一起看球赛、一起看音乐会、一起K歌、一起品尝美食、一起泡温泉、一起打网络游戏等。这些现实中的互动,往往可以增进人与人之间的关系,比单纯的"隔靴搔痒"式的聊天更容易打破双方的戒备和生疏,更容易建立起彼此信赖的人际关系。

- 对于一些深谙各行各业知识和经历的"专业型"朋友,记者可以通过在现实生活中对其适当"咨询",保持与他们在专业问题方面的紧密联系。记者可以将生活中的一些有趣的问题收集起来,集中地、简洁地向这一类型的朋友们请教,从专业知识交流的角度来增进彼此的了解。

- 在具体交往中，记者一旦发现自己有一些疏漏或是过错，应该第一时间进行"弥补"。弥补的方式有很多种，不一定都要直白地"说出来"。有时候，更需要拿出实际行动，及时踏实的行为比100句空洞的"对不起"更容易让人接受。在有效的行动之后，记者可再向对方说上几句言简意赅的"口头道歉"。这是记者较为合理的过错弥补的"模板"。

抵制诱惑，学会克制

在结交到朋友以后，如何看待朋友之间的"革命友情"，并将不同类型的朋友恰到好处地区分开来？

记者所交到的朋友，要比其他行业的朋友更多元、更广博。这也是为什么当有些人知道我是记者的时候，会抛出林林总总的"奇葩要求"：有的要我帮他们找环保部的主管人解决相关问题，有的托我找某影视名人为他们公司做代言，有的要我给他们找工作、买房子、搞基金……各种"无理"的要求，听起来很荒谬，但其实也从侧面反映出记者这一行业所结识的朋友，上到"官员总裁"，下到"黎民百姓"。

这些基于工作所结交的各式各样的"朋友"，就像是记者的一个巨大的"人才库"，将记者包围在一个特定的场域内，让他们便捷地从自己固有的思维怪圈中跳脱出来，让记者能够较为容易地感受到这个社会最前沿、最时尚、最有趣的冲击和洗礼。然而，当记者在关键时刻需要他的"好朋友"帮助的时候，"朋友们"往往是爱莫能助的。这就是记者这一"社会活动家"的可悲之处——头顶着若隐若现的"虚拟"光圈，却往往在关键时刻熄灭掉，没有半点

用处。但这就是记者,在体验到众人帮衬的光环的时候,也要有抵制诱惑的责任,要有学会克制的能力。

当然,记者也有权利将他们的"私交型"朋友,有意无意地囊入自己"信息线人"的行列中。比如,记者在和各行各业的好朋友一起吃饭聊天、旅游度假时,会从不同领域的朋友中得到一些有趣和"独家"的信息,这会激发起记者的新闻敏感力和想象力,让他们在一种畅谈无阻的谈话气氛中接触到网络上没有的消息。这不仅能够打开记者看世界的思路,还能够让他们对社会的各个领域保持一些常人无法企及的好奇心和新鲜感。更为重要的是,记者可以通过信息的交换形成自己独特的"人才库""新闻源"和"思维链",实现一种与外部世界"独一无二"的专属于自己的朋友资源和信息体系。

勿在"名利圈"中迷失自己

记者是否会结交到一生的挚友呢?回答既不是肯定的,也并非否定的,这需要看具体的情况。其实,记者的"朋友圈"也有着层级的划分,最基本的划分就是"公务型"和"私交型"。

有些"朋友"是基于工作上的便利而结交的,记者通常是不会"叨扰"这些"高朋贵友"的。譬如说,某个部门的官员、某个公司的CEO、某个电视剧的"知名演员",记者朋友在一般情况下,都习惯与他们保持一个工作层面上的"嘘寒问暖",而不会与他们保持生活中的深入联系。记者之所以可以和这些"社会名流"保持联系,首要的因素并不是这个记者多么有才、多么优秀、多么知名,而是因为记者所在的平台能够给社会各界人士提供一个表达言论和观点的平台,搭建一个吸引和消费人们注意力的舞台。

更为实质地来说，作为一份工作，记者和他的"朋友们"在公务范围内结下了一个约定俗成的"相互借重"的惯例和契约——"朋友们"可以通过记者重塑某种社会认同的机会和可能，并借此获得社交方面的需要。而记者则是通过对各种人的接触，提高自己的知名度，增强自己的影响力甚至是某种"泡沫"般的虚荣心。可见，记者只有在这个范围内和他们的"公务型朋友们"进行话语的交流，逾越界限，就无法在生活层面得以从容不迫地交流，也许大多数人不太愿意承认，但事实确实如此。

"私交型"的朋友，是记者开启职业生涯之前，个人特别期待结交的朋友类型，记者希望通过和各行各业的朋友联系，达到拓展视野、获取知识和经验、增强各方联络的目的。当记者涉入具体行业中时，才能够深刻地明白"私交型"的朋友其实是对"朋友"这一概念的升华，它是建立在记者和受访者之间对彼此的生活品位和喜好相互欣赏的基础之上，而这样的"惺惺相惜"是要在工作之外才能体现出来的。比如，有的记者会被邀请到一些舞会、派对等场合，有更多机会"毫无功利"地结识到各行各业的朋友，这些朋友也许会基于赏识等因素，在逐渐交往过程中变成"私交型"的朋友。

结交朋友是一件"天时地利人和"的事情，记者除了有自身的魅力之外，还需要不吝赏识的"伯乐"，需要平台和运气，更需要可遇不可求的缘分。从这一角度来说，记者要找到"私交型"的朋友，和普通人之间的交际并无二致。记者交友的历程和性质也是单纯和质朴的，并无神秘感可言。而且，记者要想拥有一段亲密无间的"私交"感情，还有个不得不考虑的因素：时间。真正的好朋友并不是"一拍即合"就结下"君子盟约"的，记者要和他们的陌生人经过好几轮"你来我往"的深度接触和交往后，才能够"修成

正果"。

记者应该时刻告诫自己：切忌成为聚光灯舞台的傀儡。无论如何，记者也不能因为他们的朋友而迷失了自己；不能因为结识了各行各业的翘楚，就想当然地觉得自己也是"翘楚"。记者要把自己的工作、所结交的人以及自己本身进行一个冷静的区分。

该"亮丽"的时候，记者要尽显"亮丽"，要让自己采访时的表现渐趋职业和老练。但是，从聚光灯的舞台上走下来的时候，记者还要勇于承认自己作为普通人"平凡"的一面，要时刻告诫自己："我在采访时和受访者聊得很好，但并不等同于我们就是无话不谈的私交挚友。"受访者在采访中对记者留下的"好感"，也许是基于工作，而非其对记者个人的欣赏和认同。

在这个媒体的"名利圈"，记者有时候很容易将"本我"和"他我"杂糅，从而在关键时刻上演"跳得越高，摔得越惨"的悲剧。这样的悲剧在我们的现实生活中已经上演过，我们应当引以为戒，以防不知不觉地沦为利益交换的牺牲品。

菜鸟 ---------- 专业

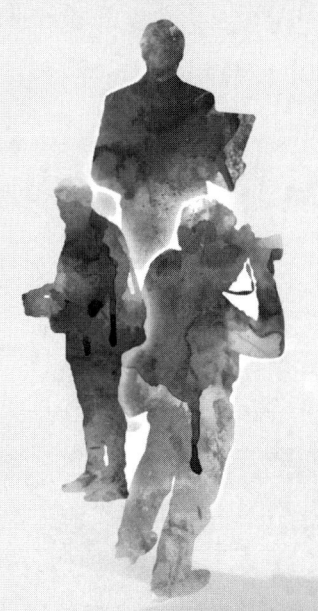

萌新 ┈┈┈┈┈ 成长

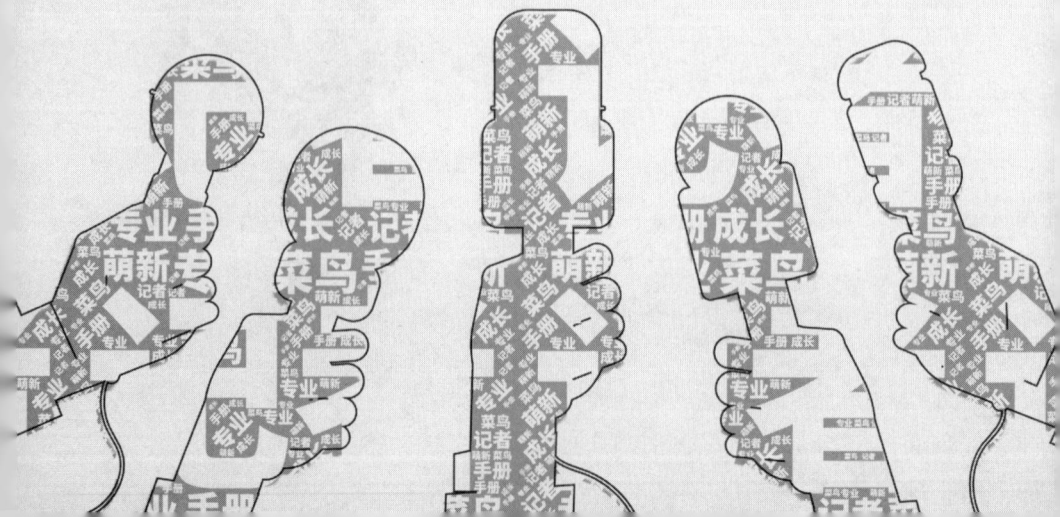

离开平台,你是谁

作为一名记者,我确实见识过很多"大场面"。但其实,华丽的场景背后隐藏着一个个让人无力的画面——为了等待一位受访明星,记者大多提前数小时来到采访现场,有的记者甚至带了根跳绳一边看着"健身APP",一边有模有样地做起了"减脂训练"。可以说,漫无止境的艰辛等待,成为我对记者群体最为深刻的"第一印象"。

"大记者"的大作为

在采访之前,记者要报送选题,选题是否会通过,需要一定时间的等待;正式采访时,有些明星名人档期确实很满,记者现场等一等也在所难免;访谈之后,记者要整理文字,整理好的版本要一式多份,有的交给主管人员(主管人员一般不止一位),有的要交给受访者的秘书(或是经纪人)。多人的意见都要顾及。记者在

采访中的状态,特别像是游客们在黄金期到一些热门景点旅游,往往是"排队五小时,游览五分钟"。记者这一职业给我最直观的感受,其实并非其华丽的"亲临"和"见证",而是略显苦涩的等待和顺从的接受。这一过程充满了被动甚至是无力。

我还记得,在我独家采访完这位"名人"之后,收到了一条领导发来的手机短信,主要内容就是:第一,让我在尽可能短的时间内将长达一个多小时的录音整理成文字。第二,不能有错别字,不能犯语句不通的错误。整理出来的文字不仅通畅,还要优美。第三,对方所说每一句话的导向都要正确。第四,在整合好所有相关方的意见之后,要在某一时间点与网站的同事取得联系。这一连串的任务和安排,让我留存的有关采访现场的热情的余温一下子冷却下来,我没有太多时间沉浸在和名人明星"谈笑风生"的"成就感"中,而是要马不停蹄地将最终的成果展现出来。那一刻我意识到,其实记者的"风光"从某种程度上来说,并不是记者本身散发出来的,而是依傍他所在的平台,仰仗于他所采访的对象。

当然,记者也完全可以通过自己的"才华"来充实自己,真切地点亮自己头顶上的光环。记者应该在一个个"大场面"之中充盈自己、填补自己、证明自己。怎么证明自己?有一个很简单的衡量标准——脱离所在的平台,记者自身还可以做哪些有价值的事情。

记者沉浸在媒体所搭建的舞台上,充分地发挥所长,固然是一种成功,但这一份成功有多少是平台所"馈赠"的,有多少是凭借自己的力量争取到的,有时是很难说清楚的。而记者暂时脱离自己的岗位,依照自己的兴趣和爱好丰富自己的生活,夯实自己在某一方面的技能或能力,这才应该是记者引以为傲的地方。

我认识一个在知名媒体工作的记者朋友,他算是这个媒体的"顶梁柱",他的采访和报道也总是被其他主要媒体广泛转载。但他很少在微信朋友圈中"刷战绩",而是将工作之余的精力用在读书上。他是一位从事"时政"领域采访报道的记者,在工作之余,他经常发表自己对于社会中某些重大问题的看法,有时候还会亲临大学课堂和专家学者探讨问题、交换观点。值得一提的是,在他所发表的诸多文章中,有相当比例的署名是没有媒体头衔的,有的文章甚至是用不同的笔名来落款。久而久之,他对于国家大政方针、社会热点、经济、文化等各个领域都颇有研究,可以算是业界的"半个行家"。他写的文章、策划的选题、做的采访,都被各方"叫好"。这样的记者才是一个有分量的记者,他能很清醒地辨别出,记者的光环有多少是基于"平台",有多少是基于自己的真实"实力"。不仅要有自知之明,还要跳出自我熟悉的"舒适区",去构建一片属于自己的天空。我想,这便是"大记者""名记者"和"小记者"、普通记者的一大重要的区别所在。

一、记者,"见证者"还是"旁观者"

工作以来,很多人都喜欢叫我"大记者",在他们眼里,记者似乎无所不能,只要一件事情被曝光,其他相关的事情就可以迎刃而解。其实,在我从业这些年来,我还是习惯用"小记者"来告诫自己,应该时刻摆正自己的位置。记者之"大",往往不在于自己,而在于平台;记者之"小",是因为记者职业在整个新闻传媒业中,只是其中一个环节,只是一颗"螺丝钉",有自己的局限。

记者爱称自己是新闻现场的"见证者"。我认识一个记者,她就职于一家知名媒体,有一次国家领导人出访国外,并举行一系列讲话、论坛等活动,这场活动被社会各界高度关注。这位记者非常幸运地亲临现场做相关的采访和报道,本来她想采访一些与会的"大领导""大人物",但因为行程安排、安全保障等,预定好的

采访被临时告知取消。更为遗憾的是，因为现场的媒体特别多，各国的媒体记者争前恐后高举摄像器材，想要不失时机地抓住现场各界受访人员的每一瞬间。摄像机里"捕捉"到的都是"人挤人"的火爆现场，却没有受访"主角"本应被凸显出来的高大形象和掷地有声的"金句"，这让采访的质量和效果大打折扣。

都说记者是新闻现场的"见证者"，但这种"见证"又是何等片面、何等不对等。况且，历史事件的真正"魅力"，很多时候并不在"见证者"的"到此一游"，而在于"策划者"的悉心统筹。至于记者，很多时候更多的只是一个记录现场的"旁观者"。我们并非完全扼杀记者不可替代的"见证者"的作用，只是对记者有一种全方位的、立体的认知。其实，放下"大记者"的"身段"，我们更应该将记者这一职业视为整个重大事件脉络中的"一环"，它固然是必需的一环，但同时也是具体的、微小的，而并非那么"神秘"，那么"高不可攀"。当然，认识到"小记者"的属性，不等于记者同人就要放弃自己作为历史"见证者"和时代"瞭望者"的使命意识，而应该更加冷静地、客观地认识自己，不被光环冲昏头脑、忘乎所以。如此，记者才能够更理性地、全面地进行更为完美的报道和采访。

二、记者群体的精彩和无奈

记者这一行很忙，也很累。当时我在某知名电视台实习时，遇到一个"风光无限"的"女记者"。有一次采访结束，她跟我说："从国外留学回来，我家人就不同意我做记者，说女孩子选这行会很辛苦。我还不是很相信，但刚开始一段时间，我就彻底被记者这一行业所特有的奔波所惊到。熬夜不说，有很多'苦'是完全预料不到的。不确定的情况随时会发生，我随时都得做好快速解决问题的准备。"记者这一行确实非常辛苦,记者同人也要学会应对多方挑战的能力。

大部分记者的生活都是不规律的。很多领导会提醒即将成为记者的"职场新人":"我们这里有加班的压力,你可要做好心理准备。"而且,记者的这种不确定的"加班"生活往往都来得很"突然",基于新闻的突发性、时效性,新闻报道和采访不会"慢条斯理"地酝酿,它发生了,就要被记录、被解读、被公之于众,这无疑要求记者做好"随时待命"的准备。这不仅检验一个记者的心智,比如写作能力、采访能力、人际交往能力、适应能力等,同时也考验着一个记者的体力。亲临新闻现场采访报道、到受访者指定的陌生地点等,都会耗费记者的体力储备,如果平日不重视锻炼和保养,身体很容易被拖垮,从而影响工作。在现实生活中,我也认识一些朋友,他们怀着对记者"美好的憧憬"进入这个职业圈子,但终因受不了"无限循环"的体力活而放弃这一职业,转向别的职业。记者的苦和累是客观存在的,但记者这般付出和努力,也会换来与别人不一样的生活体验。

视野,是记者这一职业所拥有的最大"红利"。记者像是一个打满鸡血的"旅行家",恨不得在极短的时间内,从南极洲穿越到撒哈拉沙漠,从巴黎的气候大会游走到洛杉矶的奥斯卡颁奖现场。世界之大,每一个现场都闪现着一个个记者的身影。在这样"无厘头"的大强度穿越中,记者获得了比普通人更广阔的风景,见证了更有意思的人和事,在和各种陌生人采访、交流的过程中,记者也逐渐学会用别人的世界观看世界,用别人的思维思考问题,这是一种蜕变。这种蜕变不仅会给记者的工作带来某些改变,更重要的是,它会潜移默化地影响到记者看世界的不同凡响的眼光。

同样都是扩大视野,记者的视野和旅行家、登山队的视野有何不同？记者的视野，不仅在于给自己打开一扇"窗"，还要有一种职业观念和职业精神。这让记者充当着社会大众的"瞭望者"，记者不仅是"旅行者"本身，还要身体力行地做好"导游"，引领公众以自己独特的发现和认知世界的视角来感受这个丰富多彩的世界。因此，记者所谓的"视野"一定要最终地脱离开"小我"的局限，要试图构建某种具有"公共性"和"普遍性"的"大视界"，从而让一种全新的理念、思维、知识传播给普通大众，这其实也是记者的职责。换句话说，如果一个记者光是沉迷在"游历大好河山"的"自恋"中，他的这种视野就无异于旅游观光的游客，失去了这一职业所特有的专业度和责任感。

除了视野之外，记者还能得到什么呢？我第一时间想到的就是人脉资源。记者如何看待自己的朋友？记者如何交到更多"靠谱"的各界神圣？我们在前面的章节中已经较为清晰地谈及。这里还想强调的是，记者的人脉不仅可以成为这一群体放眼看世界的一扇与众不同的窗口，还是他们走向社会、走向梦想的重要资源。记者所拥有的"朋友圈"似乎和商务人士的不太相同。一般来说，商务人士大多力图将他们所结交的"朋友"转化为客户，转化为有助于他们迅速扩大"商路"的"助手"。但记者的朋友不一定如此，记者为了调查中国法治发展进程，在执行这一选题的时候，不得不和大量的律师接触和交流。记者初认识这些律师，目的是完成选题，而不是未来打官司。记者交友的初衷，也许不是为了自己，但在记者与这些律师进一步接触的过程中，也许会因为"相互吸引"而走到一起。一起踢球、一起旅游、一起探讨社会热点，都可能成为连接记者和社会各界人士的纽带。逐渐地，记者就完全有可能在他需要法律层面帮助的时候，找到他"朋友圈"中的律师朋友。

另外，记者所积攒起来的人脉资源还有助于他的成长和转型。

现如今，各个媒体的记者都特别流行"跨界"转型，电视记者转行当创业公司CEO，纸媒记者转行做艺人经纪人，体育记者转行搞起旅游产业，娱乐记者过起了当拍卖公司品牌营销的"瘾"。这样的转行拓宽了记者继续成长的空间，也让人们开始羡慕这一群体较为高效的社会角色的转化率。其实，记者的转型之所以可以做到"so easy"的"境界"，很大程度上来源于他们对"人脉资源"的认知和运用。记者在一个个采访工作中所积累的"朋友圈"不仅局限于一个领域，在各个重要领域，似乎都可以不费吹灰之力地找到他的"小伙伴"，如果记者本身又在所"交集"的领域有所思考、有所成绩的话，就很容易在各种各样的领域大胆地、自由地拓展自己的发展机会和成长空间。试想一下，这样的机会又能有哪个职业可以和记者相媲美呢？当然，充沛的"人脉资源"该如何利用，是另一个重要的问题。正如前文所说的那样，这需要个人有意无意地呵护和维持，这涉及记者个人的修为和魅力。

三、"大记者"有哪些"过人之处"

记者如何提出一个好问题？有很多种技巧，但说到底，还是要看一个记者是否具有一双"慧眼"，发现事物的本质和问题的所在。对于记者这一行来说，发现问题这一过程比问题本身是什么更为重要。因为发现问题的过程，是记者认识世界的过程，是记者运用自己独有的观察力和判断力来认定事物性质的过程，是记者发挥"拨开云雾见月明"这一"特异功能"的主要体现。

对于一个刚入行的记者来说，找"错"问题，是经常出现的。比如，对于北京雾霾这一现象而言，一个不具"慧眼"的记者，可能会以"北京雾霾，什么时候消灭干净"这样的问题作为采访过程的"重头戏"。这是不是个问题？是。但不是主要问题，不是采访

要解决的主要问题。从技术层面来看，雾霾何时消灭干净是较为复杂的，哪个专家也不会给出具体的时间，所以这样的问题很业余。面对雾霾，重要的是搞清楚它的源头是什么，即使源头暂时搞不清楚，也要明白北京雾霾和其他地区的雾霾有哪些异同、老百姓该如何防范等更为"切实的""具体的""贴近的"角度。相比于"雾霾何时消灭"这类笼统的问题，有确定答案的问题更被人们所关心，也更具有现实意义。记者发现问题在哪里，才可以引导公众认识各类新闻，这就要求记者的头脑首先是清醒的、独特的。

对于记者这个职业来说，发现问题很重要，但更为重要的是如何解决问题。而且，这些问题没有人帮忙解答，只有靠自己。靠自己的察言观色、靠自己的"慧根"感悟。甚至在摸爬滚打伤痕累累时，也要抛开疼痛的情绪，警告自己要冷静和理智。

有一年编辑部要进行一次年终盘点，我们的任务是将这一年政治、经济、文化、国际等不同领域的重大观点整理一番。这个任务布置下来的时候，大家都不以为然，觉得很简单，于是都把这个任务放到一边。但我以为，这种盘点的编辑工作，看似很简单，其实它还有很多方面的要求。于是，我比别人更早地开始进入整理观点的工作中。由于准备得早，我没有浮躁之心，反而显得平和与从容。就在我的整理编辑工作即将完成的时候，领导突然发话，告知大家要开始进入一个相对紧张的"备战状态"。大家一时忙得不可开交。

这时，人们才发现，看似简单的观点梳理和整理，其实并不简单。有些观点显得很杂乱，有些表达过于口语，有的文字要配一个合适的标题，有的东西找出来，但不太符合导向。所以，很多人开始慌了、乱了，这样一惊一乍的情绪和加班加点的梦魇比期盼已久的新年礼物更早地到来，打破了生活原本的安排。而我的整理工作已完成，交给上级看，也都"过关"，提前完成了任务。所以，我想说的是，比解决问题重要的是要去主动地找问题，而不是让问题一天天地累积。工作时，不随大溜、独立地思考和判断，定会取得非凡的效果。

记者圈里的"文人相轻"现象

记者有很多种，但是负责某一领域的记者，其实都不太愿意在私下里聊相关的热门话题，这似乎是一个很奇怪的现象。负责时政采访报道的记者，不愿意在公开场合聊"大政新闻"，娱乐记者在朋友聚会中看上去也对娱乐头条无动于衷。这一方面说明记者和其他职业一样，不想把工作和生活混同起来，不想让工作的种种情形"外溢"到原本应该闲适的生活中；另一方面也展现出记者这一群体对信息的"独占权"，记者固然拥有将信息公之于众的使命，但也有为某些场合、某些人物"守口如瓶"的权利和义务，记者这种对人对事的慎重保留，或者基于职业操守，或者来自内心的敬畏，或者关乎个人性情，但看似"什么都知道"的记者却有"什么都不说"的职业习惯和权利，这是独特而有意思的一面。

记者圈里也存在"文人相轻"现象。当然，在中国的学术圈或其他知识分子集中的领域，这种现象也是存在的。但在学术论坛上，学者之间也会利用会议间隙交换名片，端着酒杯来探讨学术、关心"人类的命运"。来自不同媒体的记者并不会在一些"高大上"的场合来彼此致意，因为记者的眼里似乎永远闪烁着"哪有大新闻""哪有大人物"等闪光点，而忽视了彼此之间的交流。

造成记者之间"互不搭理"的另一个重要原因，可能是媒体之间的竞争关系。资源颇为有限，媒体A给媒体B的记者同人分享了，独家被"抢走",怎么办?深度被"挖尽"了,怎么办?名人被"吸引"过去了,怎么办?因此,无形之中,不同媒体的记者之间的"互相攀比"替代了"互相帮助","互相遮掩"取代了"互相交流"。当然,这里不包括各个媒体的记者同人基于一个特定的采访任务所进行的分工合作,这便属于另一种性质的工作了。其实,记者的这种"相轻"也可以辩证地看,一方面,这种"相轻"弱化了记者这一职业相互合作、相互交流的促进功能,使各个媒体平台的记者都陷入"孤芳自赏"的境地之中,更重要的是,新闻的公共性质得到了极大的削弱;另一方面,这种彼此"非暴力,不合作"的交往模式,也成就了一个个媒体独具特色的报道、采访,成就了新闻采访的个性化和多元化,成就了一个风格差异又不失趣味的记者群体。

记者,是一个"低门槛"的职业吗?

有的人认为,能进入记者这一行业的人,都是博览群书的学者,都是社会的精英人才;而有的人则觉得现在有些媒体平台的记者专业素质差,临场发挥也不行,似乎记者这一职业谁都可以做。

记者这一职业与其他职业不同,这是一个涉及准入性的问题。如果有人想当律师,他们可以参加一年一度的司法考试,而且这一考试也以"低通过率"淘汰了很多人。此外,从事医学的人群要取得从医的相关证件,司机也必须有驾驶证。这些职业都要通过考试来进行筛选,从而提高职业的准入性和专业性。当然,你也许听说过"记者证",但记者证不是"考取"的,而是"颁发"的。与其他证件最大的不同在于,记者证的发放在于它的"事后性",也就是说只有进入一个媒体平台,才有资格进行下一步证件的发放,而不是通过"事前"的考试来进行职业的判定。因此，我们发现有很多记者未必学过新闻传播，他们的专业也许是中文、社科、艺术，甚至是理工科。这从某一层面表露出记者这一职业的"无所不包"，也体现出它的"低门槛"。

但不能忽视的是，要想去一个好的媒体平台，"准记者们"要经历"过五关斩六将"的层层选拔过程。从当今国内外的主流媒体来看，能被录取的"记者"，一般都是毕业于传媒类顶尖的名牌大学。可以说，大学教育无疑为记者这个群体进行了某种"最初的筛选"。而即使不是"科班毕业"的想要从事记者职业的群体，也会在进入媒体之前，进行媒体所特设的"考试题"。现在，不管是主流媒体还是自媒体，他们录用记者的环节，一般都分为"笔试"和"面试"两大环节（当然，有的媒体可能会有"二面""三面"），而这些考试都设置了某些标准，这也在无形之中成为记者群体必须通过的"门槛"。

进入记者这一行业，确实有很多"门槛"和标准。那么，这些标准有哪些？换句话说，对于一个想从事记者的"萌新"来说，究竟要具备哪些重要的能力才能被青睐？

这其实需要看媒体的属性。对于纸媒来说，会写的记者是最"吃香"的，因为纸媒追求的是一种"深度"，记者不能总是"到此一游"，还要在现场中迸发某种"学者的气质"，要以常人不易察觉的角度启发大众来思考问题；电视、广播类的媒体，更喜欢"会说"的人群，因为这类"媒体"以画面和声音见长，他们所追求的是瞬间的"关注度"，因此一个能运用形象思维来组织语言的记者不仅可以成为"当家花旦"，还可以成就某个电视或广播栏目的"品牌明星"。当然，这个"会说"之人，如果再具有良好的外形和气质，拥有高学历和睿智的思想，就更完美了。对于以互联网

为平台的媒体而言,无论是具有相当规模的社交媒体,还是短小精悍的自媒体,都急需"会想"的人,这里的"会想"可以理解为"脑洞大开"。这类媒体相对而言不需要晦涩的理论和滔滔不绝的"演说家",而需要一个超级有创意的"最强大脑",能时不时地出个奇招、想个怪招。他们需要的记者要能吸引"奇奇怪怪"的网民,刷流量,博人眼球。当然,我们不能忽略互联网媒体更要求会"技术"的记者。各类软件、各类应用都要搞定,记者才会在这片神奇的互联网的土壤中"茁壮成长"。

此外,记者还有一道"印象门槛",也就是说,记者应该有什么样的外形和气质。可以从外界的评价找到答案。比如,有个记者在报纸上刊登了他采访某位名人的采访成果,就会受到某些网友的善意"指责",如果这些"指责"是合情合理的,它们就可以作为一种"门槛"和标准,记者就要在采访中注意避免类似问题。对于电视媒体或网络媒体的出镜记者,如果他们因为衣冠不整、口齿不利索、问题不得当而遭到观众、网友的"围攻"时,记者朋友们就要引以为戒,就要将社会大众这一评判的"门槛"作为自己以后从事采编工作的重要标准,形成一道道"舆论的门槛"。这样说来,记者这一职业并非没有门槛,只是因为其特殊的职业属性,很难形成一种放之四海而皆准的标准,这也从另一方面警示记者要从更多元的角度、更广阔的视野来不断地要求和雕琢自己。

记者的未来在何方

从市场回报的角度来看,记者这一职业的薪酬似乎并不是最高的。毕竟与从事金融和IT的"精英人士"相比,记者被视为缺少技术难度的"码字民工",但记者是为数不多的集脑力与体力为一身的"综合性人才"。他们要做策划、想点子,他们要熬夜赶稿子,他们要忍耐寂寞、学会坐"冷板凳",他们要在采访名人大家时化解一个个现场突发状况,他们要看错别字、改标点符号……所以,这一行业最容易出"艺术家""杂家""学者""实干家"。选择记者这一职业就等同于选择了广阔的"朋友圈"、选择了多元的生活品位、选择了无数种挑战、选择了无限的可能,也选择了获取广泛生存技能的机会。

所以,不管媒介的形式如何变化,一个优秀的记者总能轻易地借助他所积累的视野、人脉等切换自己的工作模式。这一切似乎都不能和"钱"直接挂钩,而这一切又在潜移默化中丰富了记者的成长阅历,并成为他们生命历程中无形的财富。这些无形的财富,给记者安上一对"隐形的翅膀",让他们在变幻莫测的职场中敏锐地寻找到方向,自由地翱翔。

一个电视记者可以利用他的人脉圈创业,转战到新媒体继续他的"媒体梦",一个纸媒记者也可以跳到电视媒体做着纪录片总撰稿人兼总策划人的重量级角色。一个记者也许决定不在媒体圈发展了,却可以带着他所累积的种种技能,到世界500强企业或大型公司继续从事着策划、宣传等重要职务。其实,记者也可以从事与新闻完全没关系的职业,却依然可以凭借这一思维和视野,描绘自己的"职业蓝图",开拓出别具一格的"职业蓝海"。

萌新 ———— 成长

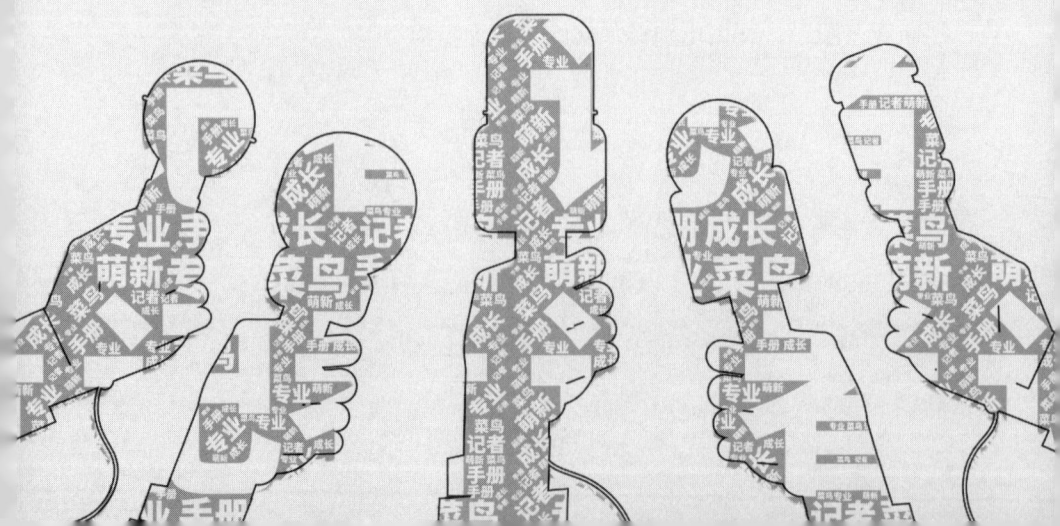

采访现场小记

儒家思想的现代价值
——专访北京师范大学教授于丹

弘扬传统文化,不是让我们的历史倒退去抱守自己的残缺,而是把优秀传统文化的核心价值带到今天,不仅和社会主义核心价值体系融合,还要跟开放的多元文明进行融合。这种融合是在比较中承认差异,在差异中学习对方的优长,再让优长不止于简单的物理累积,而形成化合反应。这种化合反应就是"文而化之"。

◎ 孔子的思想于我们而言,其实是一种文化的信仰

谭峰: 2014年习近平主席出席纪念孔子诞辰2565周年大会并讲话,表明了党中央对孔子及儒家思想的重视。您认为,以孔子为代表的儒学在中国正处于起步期、需要鼓励,还是尚处于低谷期、需

要激发？

于丹：孔子的儒学和中国的关系应该看中国几千年的历史，还要看20世纪和当前它处于什么样的位置。从几千年的历史来看，"半部《论语》治天下"，中国人对于孔子思想的推崇是深入骨髓的。孔子的思想在今天看起来应该可以从两个角度去分析：一个角度是关系到整个宗法社会的秩序，这就是历代统治者都在倡导的国家和社会的综合治理；而另一个角度就是君子的修身养性。我们今天谈论孔子的思想，更多是放在个人修养这个角度。在整个20世纪，从"反右"到"文革"一直到"批林批孔"，传统文化的血脉在很大程度上经历了一个全面的颠覆、斩断。而我们在整个价值观的废墟上还没有建立体系的时候，拜金大潮就进来了，所以我们在遭到物质主义袭击的时候，可以说人的精神故乡就更没有安顿了。在这样一个前提下，我们讨论孔子的思想，才能看到其今天为什么会受到空前的重视。

中国人在今天正好处于向国际化靠拢的时期，但是还存在众多和国际不接轨的现实问题，存在众多的困惑。在今天怎么样去安身立命，找到中国人自己的话语表达方式，这显然是一件极其重要的事情。所以，从国家层面上的重视来讲，我认为它既不是处于一个低谷去扶持，也不意味着它处于一个高潮去颂扬，准确地来说，这是一件接续中国文化血脉的事情。我看到习主席出席国际儒联大会时讲话的内容和精神，其实是非常心平气和地把中国传统文化放在国际文化中的一个位置、一个角度上来讨论的。我们既不能唯我独尊地认为只要有了孔子的思想，我们就万事大吉；也不能说，有了孔子的思想，我们今天先进的思想就全部抛弃，不按国际规则来做事情。我觉得现在应该用一种中国人自己的语法去进行国际语言的沟通。孔子的思想于我们而言，其实是以文化的信仰替代了宗教的信仰。你会看到，西方是有上帝的，它有自己的宗教，对于民族的凝聚力，有一种个人生命的安顿感；但中国人的方式不是向西方式宗教里去追寻，而是回到我们的伦理秩序中。

◎ 儒家思想是中国融合于世界的一张通行证

谭峰：儒家思想所构建的伦理秩序和文化逻辑对现代中国有哪些现实意义呢？

于丹：首先，儒家思想的伦理起点是符合中国农耕文明几千年历史的，中国人原来所讲的家庭的安稳、"家和万事兴"，对于今天仍然有极强的现实意义。现在，大家会看到，我们算家庭财产的时候往往看的都是有形的财富数字，最忽略的就是家教和门风。现在多少人家里面物质生活非常富裕，但是孩子没有最基本的待人接物的礼仪。而这一点其实过去中国的农民都非常重视。这些东西，我们今天正在失去。我们越来越忽略中国家庭伦理的凝聚力，而这一点恰是孔子思想文化里的一个伦理起点。

第二点，对于我们很有现实价值的就是，我们现在的反腐为何查出这么多的贪官？这些贪官的行为为何如此地放纵？我们回头看中国过去"士大夫"的人格结构，他们都是在家修为，先做好一个"士"，然后再上朝去做"大夫"。中国人的"修身、齐家、治国、平天下"，是从"家"到"国"的，也就是说在家里要做一个严格意义上的知识分子，有个人的自律操守，能够"君子日三省乎己"，然后上朝做大夫的时候，才有对于国家责任的担当。现在很多后来成为贪官的人，其实他在做官之前就缺少了君子的自律人格。我们今天都说，人要追求自由，但世界上没有绝对的自由。我们怎么看待这个"律"呢？我认为这要经过三个阶段：一个人如果能够自律的话，他会反省，他会知道自己的行为标准和有所不为的

底线，他就用不着"他律"；如果是一个自律很差的人，那别人会批评你、议论你，"他律"如果能够得到警觉，然后回头来自律，那这也还不错；但最怕的是，"他律"都管不住的话，第三层就是法律，那就是国家层面、制度层面。到法律"说话"的时候，那就要进监狱、就要服刑了。所以我认为，如果我们想要更多的人避开法律的制裁，那自律、他律、法律这三个层级就要往前推导。从自律开始是最好的，而中国的儒家文化讲的就是君子的自省和自律。这个对于人格建设、人格成长来说，非常重要。

第三点，对今天来讲具有特别重要意义的，就是对青少年的价值观教育。仁、义、礼、智、信这种核心价值是过去小孩子都要学的，而且小孩子应该是"入则孝，出则悌，谨而信，泛爱众，而亲仁。行有余力，则以学文"。也就是说到学校去念书这件事，是"行有余力"最后的一个环节。前面要做到在家孝顺、出门言语谨慎、做事一定要守信用，而且心中要博爱大众，要有"信义"的认同。如果做到了这一切的话，他以后才可能担负得起"大任"，所谓："士不可以不弘毅，任重而道远。仁以为己任，不亦重乎？死而后已，不亦远乎？"不能现在想一想就说，我以后要当一个大富商，我要做上市公司的总裁，我要当大官……都想这些不切实际的事情，不从脚下做好自律，我们青少年的价值观就肯定要出问题。特别是现在中国绝大多数孩子还都是独生子女，在家里、在学校，只要学习好就是一切好，全家围绕着一个孩子的时间表来牺牲大人的个人发展、个人空间。孩子觉得一切天经地义，这样的孩子到了大学完全无法跟别人相处，要求别人一切以自己为中心打转转，他又怎么会融入社会呢？

第四点就是改善现在的社会风气。我们现在的社会充满了"戾气"，人动不动就发生冲突、互相攻击，动不动就宣泄自己的不满，这说明中国的社会还需要完善，我们的制度还有很多需要建设的地方，但心平气和才是制度建设的前提。人人都在发泄不满的话，这是一个好的生活状态吗？所以，儒家的思想主要是从自己的内心开始，这就是孔子所讲的，一个人遇到不如意的事情，能做到"不怨天，不尤人""知我者其天乎""不患人之不己知，患不知人也"。我怕的是我自己无能，这是最主要的，别人不了解我，那又有什么呢？孔子的弟子向孔子请教，能否给一个字来化解生活的不如意，孔子说"恕"。宽容别人，然后才可以有一个好的社会关系。2014年汤一介先生去世的时候，我去送他，当时特别感慨。汤先生带着一个世纪的沧桑，经历了多少常人想象不到的不公平遭遇。但是以我和汤先生的交往，无论是公开场合还是私底下，他永远是儒雅、慈祥、一派端庄，我从没听过汤先生抱怨任何一个字。那真叫"不怨天，不尤人"。之所以能做到不抱怨、宽以待人，是因为他们把中国儒家精神渗透到骨髓里、流淌到行动中了。如果这个社会都有这点认同的话，那就不是自己忍着委屈让别人，而是心里真能理解别人，因为他把自己的心胸养宽了。

第五点，儒家思想是中国融合于社会、融合于世界的一张通行证。各国文化不是拿着别人的文化去做护照的，大家都是拿着自己不可替代性的文化去贡献自己文明的核心价值。其实正像习主席在国际上所讲的，我们要致力于对"仁义"、对"大同"、对我们核心价值的弘扬。我觉得这就是把中国传统文化中的核心价值融合进社会主义核心价值体系中，然后在全球范围内让它化合反应为一种有效的全球文化生态。现在有个现象，很多中国精英都去美国，很多孩子留学北美，我觉得美国现在有世界上最先进的科学技术，这是我们肯定要学的；在制度层面上，也是有一些需要我们虚心求教的。但如果说全球文化就是美国最好，你怎样用两百多年的文化

去说服你几千年的文化传统,连根斩尽自己去学习人家年轻的新文化?这就好像一个老人家,他的运动方式可以打打太极,全身的血脉都可以流通起来,但你现在让他去蹦极,那显然是不适合他的。文化这件事情,是需要注重"根性"的。中国现在的改革开放,浓缩了西方上百年的文明进程,我们有自己的经济、社会治理方式,我们也有自己的文化语法。所以真想融入世界的话,要以一种不轻易挑剔、苛刻指责别人的方式,要抱着拿得起"真东西"的态度,以一种虚心谦和的态度去理解、去融合。完全的民族虚无主义就等于完全的狂妄自大。这两个极端其实都是毁我们自己的形象,所以我觉得中国文化只有自己了解了儒家的核心价值,才有可能融合于当世。

◎ 中国文化的自觉是一个持续的过程

谭峰:中国的传统文化是否实现了现代意义上的文化自觉?

于丹:中国的文化历史悠久,文化体系比较驳杂,文化自觉是一个持续的过程。在渐生渐长中,每一个时代都有它核心价值的优化及其时代性。所以,我们既不斩断历史的血脉,又能在现行的制度情况下去完成核心价值的转化,这个过程就是自觉化的过程。

中国文化的自觉会一直在路上。因为中国的社会形态会经历不同的变化,百姓人心也有多元的需求。我们是一个十几亿人口的大国,我们百姓的文化信念一定是"和而不同"的。文化自觉这条路上,我们一直从自发走向自觉,但让自觉一下子到位是不现实的。我们的文化自觉首先取决于百姓人心认为自己老祖宗说的东西在当下还是有价值的,并且把这种价值有效地化入今天的个人生活,而且保持着开放的态度向世界学习。完成这个过程才是真正的文化自觉。

◎ 传统文化不仅要和社会主义核心价值体系融合，还要跟开放的多元文明融合

谭峰：习近平主席提出中国传统文化要善于借鉴外来多元的文明。那么我们应该从哪些方面着手来充实有中国特色的文化体系？

于丹：近来我总是在国外讲学。我去国外讲学，通常首先要让国外的学生们提问，以便了解他们想知道中国的哪些方面。在授课的过程中，我喜欢用一种比较的方式，比如中国的建筑基本上都是四合院，它是群体建筑，表现的是一种伦理的结构关系；而西方特别是西欧的很多建筑是哥特式的风格，它是一个单体建筑，是延展到天空的。再如，西方的芭蕾舞，往往是一个大托举，它会将人向天空伸展，要挣脱大地的羁绊；但是中国，无论昆曲、京剧、跑圆场、拉山膀、卧鱼、兰花指等，都是圆润的，是俯抱向大地的。通过这种比较就会发现，中国的文明是大地的文明，而西方的文明是个体与天空的、神的联系。

西方人曾经问过我："你们过节和我们过节有何区别？"我说："你们的节庆，无论是圣诞节、感恩节等，很多都是有关神的，是从天上下来的，是个体对神、对天空的绝对致敬。而我们的节日都是从地里长出来的，我们过的是二十四节气，节序如流。"所以，中国人对于大地的认同就归结到我们的伦理上。所有的这些都是对文明的比较。我觉得文明不是故步自封的体系，它是在开放对话的语境中完成新的融合。弘扬传统文化，不是让我们的历史倒退去抱守自己的残缺，而是把优秀传统文化的核心价值带到今天，不仅和社会主义核心价值体系融合，还要跟开放的多元文明去进行融合。这种融合是在比较中承认差异，在差异中学习对方的优长，再让优长不止于简单的物理累积，而形成化合反应。这种化合反应

就是"文而化之"。文化，在我的理解中是个动词，《周易》上也说："观乎人文，以化成天下。"这种化育人心、化生的过程一定是各种优秀文化的碰撞所生成的最新的文化生态。中国文化在厘清自我价值时，有这种开放态度，其实就能在比较中承认优势并且催生一个新文化生态。

（作品发表于《人民论坛》，2016年1月下）

"崛起困境"与中国外交新特征

——专访清华大学国际关系研究院院长阎学通

◎ 未来中国采取讲道义的现实主义外交思想应是一个主流趋势

谭峰：近年来，尤其是党的十八大以来，中国的外交呈现出哪些新的变化和特征？

阎学通：自2013年以来，中国崛起最为突出的特点是迅猛且不可阻挡的。国家的政治目标由经济建设转向民族复兴，政治治理由维持稳定转向反腐败，社会变化的动力由积累财富转为改革创新，经济增长点由出口导向转为内需消费，外交战略由韬光养晦转为奋发有为。道德观念的变化相对较小，但出现了转变的迹象，讲道义的声音开始出现，物质主义虽然仍占有主导地位但开始弱化。习近平总书记上任以来，中国外交的变化是一个整体性的转变，它涉及战略目标、基本方针、总体布局、工作思想、实施方案等领域，我将之总结为"道义现实主义"。中国以往韬光养晦的策略反映的是弱国外交，中国变大变强之后，采取道义现实主义的理论和政策应是一个主流趋势。从宏观上来说，允许中小国家搭中国的便车，展现了大国对自己实力的自信和君子与人方便的大度风范。具体而言，中国今年年底将会成为世界上最大的进口国，中国从哪个国家多进口一些东西，哪国就能得到免费开发的市场，这是中国允许别国"搭便车"的一个微观体现。从宏观上讲，中国可以提供公共产品，比如，中国维护地区和平，所有相关国家均可享受和平的国际环境。中国外交政策的"亲、诚、惠、容"原则都是讲道义的现实主义外交思想的体现。

◎ "中国崛起"意味着中国将承担越来越多的国际安全责任

谭峰：从学理角度看，您认为"中国崛起、中国威胁、世界和平"这三者应是怎样的逻辑关系？

阎学通："中国崛起"意味着中国的综合实力向美国接近，中国将承担越来越多的国际安全责任。中国承担更多的国际安全责任是指为中国自己、友邦及合作者提供安全保护，中国不会为敌手和对抗者提供安全保障。这就是说，面对中国崛起的客观趋势，愿意与中国合作的国家就会感到安全威胁减少，而与中国对抗的国家，特别是从军事上与中国对抗的国家，则会感到安全威胁增加。

"世界和平"有许多定义，至少可以定义为"没有世界大战"和"世界上没有战争"两种含义非常不同的解释。以前者为标准，自第二次世界大战结束以来，世界保持了总体和平，今后十年，世界大战的危险会越来越小。"二战"后的世界和平与核武器及核威慑战略是并存的，因此一般认为，在核威慑功能被废除前，世界大战不会发生。这意味着，中国崛起和中国威胁都不会引发世界大战。以后者为标准，自有国家以来世界上每天都在进行战争，也就是说从来没有过世界和平，中国崛起也不可能创造出没有战争的世界。现在看不出中国崛起可以消除巴勒斯坦和以色列之间的战争。无论与中国对抗的国家是否感到中国威胁,这对创造无战争的世界都没有影响。现在世界上每年有30起左右的大规模军事冲突,增加几起和减少几起,都改变不了世界上每天都有战争在进行的现状。

◎ 解决崛起带来的"两难",基本策略有两类

谭峰:就当前国际形势而言,中国的崛起对世界上的哪些国家或地区影响最大?是否会造成一定程度上的冲突?如何化解?

阎学通:大国崛起是一个过程,崛起国的影响力也是由近及远地延伸。即使是全球化的今天,崛起国影响最大的地区仍是其周边国家。然而,由于影响是多方面的,而且有正面和负面两种性质不同的影响,因此中国崛起对不同地区和不同国家产生的影响是不同的。从经济角度讲,中国崛起几乎使全世界所有国家受益,甚至与中国对抗的国家都会受益于中国进口、出口、投资和技术发明。从安全上讲,俄罗斯与上海合作组织其他成员受益中国崛起最多,因为中国军事力量越强大,为上海合作成员提供安全支持的力量就越大。然而,日本和菲律宾侵占中国岛屿的安全则不会受益于中国崛起,它们会认为中国崛起对它们构成安全威胁。中日战略矛盾不是因美国重返亚太战略导致的。没有美国的介入,中日之间的战略矛盾依然存在,因此靠美国不介入来解决中日矛盾是做不到的。

任何大国崛起都必然形成战略冲突,因为霸主国不愿任何国家强大到与其平起平坐,其他大国也不愿别国比自己强大。"崛起困境"原理就是解释为什么大国崛起过程伴随着国际体系压力越来越大的现象。中国崛起也摆脱不了这个规律。崛起带来冲突是正

常的，我们不应恐惧引发冲突，而是要考虑如何克服冲突，实现崛起。克服冲突的策略非常多，需要结合具体问题决定如何克服这些冲突。抽象地讲，克服冲突的基本策略有两类：一类是向冲突的对方让利，使其看到放弃对抗政策获得的好处比进行对抗的好处多；另一类是给对方造成损失，使其看到放弃对抗的损失比坚持对抗的损失小。不能只看到"让利"可以解决冲突，而忽视了制造损失也能解决冲突的策略，因此在遇到具体问题时，从来不分析和解与对抗哪种方法更有利于维护国家利益的做法是不可取的。

◎ 和平崛起比武力崛起更困难

谭峰：您曾经提出"中国要实行和平崛起战略，其需要研究的核心问题不是中国是否应选择和平崛起的道路，而是要研究哪些策略能使中国和平崛起"。那么，您觉得中国的和平崛起首要采取的策略有哪些？

阎学通：有些人提出，和平崛起是目的，如果不能和平崛起，中国就应该放弃崛起。我与他们不同，我讨论的是中国如何和平崛起。我认为崛起是目的，和平是手段。当和平手段无法实现目的时，就得改换其他手段，不能因和平崛起的手段不具备就放弃崛起目标。

我认为，和平崛起比武力崛起更困难，因此如果连武力崛起的能力都没有就不可能实现和平崛起。我坚持认为，和平崛起的基础是建立强大的军事力量，而且强大的标准就是达到美国的军事水平。当中美军事力量相等时，和平崛起就具备了基础，当中国军事实力与美国有巨大差距时，中国就没有和平崛起的条件。需要强调的是，当今中国国防建设的目标已经有所改变。20世纪五六十年代国防建设的目标是防止外部军事入侵。但自从世界上有了核武器

之后,核国家间就不敢进行直接的大规模战争。而对这样一个大的形势变化,如果现在继续坚持以往的国防建设目标的话,则是不符合我国实现民族复兴这一战略利益的。在没有外部军事入侵可能的条件下,仍以防止外部军事入侵为国防建设目标,显然是没有意义的,而且是对军事资源的浪费。在全球化的核时代实现民族复兴,中国的国防建设要符合时代的特点;与此相对应,中国现在的国防建设应以维护全球范围内中国的国家安全利益为目标。如果我们的国家战略利益在南美受到侵害,而我国军队的作战能力仍局限于中国边境,这显然是不利于我国民族复兴的。

(作品发表于《人民论坛》,2014年12月上)

巴西,"多元文化和种族让我们自豪"
——专访巴西驻华大使馆代办若昂·勒梅
(João Marcos Paes Leme)

谭峰: 在很多人眼中,巴西是一个文化多元而复杂的国家。一方面,我们可以感受到激情似火的狂欢节;另一方面,也可以在这个国家发现遍地的贫民窟。那么,在您眼中,巴西的底色是什么?

若昂·勒梅: 巴西是一个拥有巨型规模的发展中国家,我们以多元的文化和种族而自豪。我们国家拥有大型的城市群落、现代的工业设施,同时也拥有壮美的风景和原始森林。这种文化的多元,在我们的国旗中可见一斑。我们的国旗有四种不同的颜色:绿色、黄色、蓝色和白色。在我眼里,巴西的"标志色"是绿色和黄色,它们可以被理解为大片的森林植被和充裕的国家财富。

谭峰： 2016年里约热内卢奥运会给巴西的文化注入哪些色彩？您认为，这届奥运会是否会改变巴西的文化特质？

若昂·勒梅： 2016年里约奥组委已经发现巴西文化多姿多彩的特质，尤其是里约奥运会开幕式所传达的文化特质也传递到全球民众之中。同时，来自五湖四海的运动员和游客把他们各自的文化符号带到里约热内卢。我认为，大量游客的聚集也会让里约这座城市成为不同文化碰撞和融合的平台。从长远的角度来看，各个国家异质文化的交融会对巴西文化的塑造有所影响。我不能预测这种影响会有多深远，但我相信的是，巴西人善于将不同国家的文化元素有机结合，从而创造出一种专属于巴西的新的文化形态，就像巴萨诺瓦、卡波耶拉（又叫巴西战舞）和桑巴那样。

谭峰： 对于巴西文化的未来发展前景，您一定有自己的想象。如果用三个词来概括，将会是什么？

若昂·勒梅： 我愿意用创造、包容、灵感来概括我对巴西文化前景的展望。我们有朝气蓬勃的艺术圈、活力十足的音乐和舞蹈、发展强势的流行文化传统、方兴未艾的电影制造业、不计其数的知名作家。而且，巴西艺术家善于运用科技的手段来孕育出新的东西，他们凭借这种创造性和适应性来获取改变我们日常生活的灵感。比如巴西艺术家维克·穆尼斯（Vik Muniz），他现在就职于麻省理工学院从事研究工作。他善于运用不同寻常的颜料材质创造出色彩对比强烈的画作。不可否认，新的科技发明将有助于新艺术形态的涌现。同时，为里约嘉年华培养大量人才的桑巴学校，也开始采用无人机、无线技术等其他新的技术，来给全球呈现一场前所未有的、壮观的节日游行。

（作品发表于《人民论坛》，2016年8月下）

既不要沦为市场的奴隶，也不要成为市场的敌人

——专访作家郭敬明

◎ 文艺创作者应该创作既能够扎根于广大群众的作品，同时又能够取得广泛的影响力

谭峰：习近平总书记在文艺工作座谈会上指出，文艺不能当市场的奴隶。您认为文艺创作和市场间存在的问题主要有哪些？

郭敬明：任何一个时期，只要是优秀的文艺作品，只要是经得起时间考验的，一定是受到大众欢迎的。包括我们从小到大看的图书、电影，其实都取得了广泛的影响力，比如我小时候看的经典著作《战争与和平》《老人与海》等都有很大的销量。

眼下最大的误区是，置身在市场中的文艺创作一味地追求市场效应，而放弃了很多在人文精神上的追求，放弃了在艺术作品上本该有的坚持。特别是在网络文学兴起之后，会涌现出大量这样的作品。总书记的讲话让我们清楚了文艺创作的大方向。

一部作品之所以能够成为经典一定是它代表着人类的真善美，它拥有着普世的价值。这种作品不管是放在今天的年代，还是以前的年代，都经得起时间的考验。现在再回头看以前的经典著作，大家都不会觉得那是那个年代的事情，依然还是会被它燃起很多美好的向往，依然会被它激励。

谭峰：那么，您认为什么样的文艺才不会拜倒在市场的"石榴裙"下？

郭敬明：我觉得不要单纯地把市场和文艺作品割裂开来。现在也有很多作品确实曲高和寡，完全脱离了群众，其实也不是真正地反映广大群众的喜怒哀乐的。一部作品能够被大众喜欢，一定是激发了很多人的共鸣，激发了很多人的感受，让他们从作品里面感受这样的生活，从生活里面去体会到很多力量，汲取很多力量。我觉得两者的结合才能算是真正代表这个时代的作品。这让我们文艺创作者开始反思，我们的作品是不是真的反映了当下老百姓的心声，生长在这片土地上的人民最关心的问题是什么；同时我们还应反思，文艺工作者不能一味地在作品中加入低俗暴力的成分，为了刺激而刺激。单纯的票房、销量、点击率不是衡量一个作品成功与否的唯一标准。说到底，我们文艺创作者应该创作既能够扎根于广大群众的作品，同时又能够取得广泛的影响力。其实，市场表现不是绝对的坏事，比如，一部优秀的作品，它有很多人喜欢，但是它并没有沦为市场的奴隶，而是引领了整个市场，带领整个文艺创作的标杆，这才是真正经得住历史考验而沉淀下来的作品。

◎ 能够激发人类共同情感的文艺作品可引领市场

谭峰：正如您所说的，好的艺术作品不但不会沦为市场的奴隶，还会成为引领市场的标杆。您觉得，什么样的文艺作品可以引领市场？

郭敬明：它应该是对每一个人都带来一种启发，整部作品的基调要有普世的价值观，我觉得普世的价值观归根结底就是真善美。也就是说，不管是哪个民族，什么样的背景，什么样的历史时代都应该有的一些情感。比如说，勇气、力量、爱情、亲情等，这是整个人类都共享的情感元素，这在所有经典著作中都是反复被书写、反复被探讨的。这些元素最经得住任何地域、任何背景、任何历史时期的考验，都能够让最大范围内的人一起来欣赏。如果专属地去描写某一个群体、某一个人的生活，可能这种作品能激起的受众面

会相对窄一些。

◎ 艺术家的"狂"是他们所独有的个性，艺术家的"自得其乐"是他们的创作态度

谭峰：有一位艺术家说过，艺术家是最狂的、最自得其乐的一种动物。您觉得文艺工作者的"狂"是否会成为文化传播的障碍？艺术家的"自得其乐"是否会有自我催眠之嫌？

郭敬明：艺术家的"狂"不能简单地理解为疯狂，这种"狂"则是艺术家所独有的个性，每个人的创作风格不一样。100个小说家写出的小说是100个不同的风格。也正是因为这样，文化市场才会繁荣，文艺创作才会为大众所接受。就像我们走进书店，有各种各样的书可供我们挑选，你喜欢看小说，我喜欢看散文，他喜欢看古典诗词，每个人都有不同的选择，这样才会更多元。如果你走进书店，全都是同一种书，这个书店就成为一种人专有的图书馆了，其他99种都找不到属于自己的作品。这并不冲突，这是一个百花齐放的状态。而"自得其乐"则是艺术家一定要有的创作态度，如果是为别人创作而撇开自己的想法，就成为一种任务了，而不是一种艺术创作。艺术家肯定最想表达的是他们最喜欢和最擅长的东西，所以才会产生那么多不同的题材、不同的类型、不同的表达方式，古往今来一直都是这样的一个状态。

◎ 对于中国传统文化的传播，不仅要重视内容，还要兼顾形式

谭峰：您在会议当中提到另外一个令人感兴趣的话题，就是中国的传统文化在当今80后、90后为主要受众群体的时代下去弘扬是非常值得关注的话题。基于此，您是否有一些具体的建议？

郭敬明：我觉得可以用很多大家喜闻乐见的形式或者当下主流

的方式去让更多人感兴趣。比如说,《西游记》为什么会一直传承下来,每一代人都了解,就是因为它不断地有电视剧、不断地有电影、不断地有舞台剧,有新的艺术表现形式呈现出来。同时,我们可以用新的表现形式让更多的经典为大众所关注,一些优秀的历史题材或者古典的文化不能故步自封、不能一成不变。因为世界是不断变化的,如果停留在一边,只能离大家越来越远。我们要传承的是它的核心价值,而不是它外在的固有表现形式。我们要传承的是中华文化的礼仪、气度,我们的民族精神、民族魂魄,但这些不是局限在某一方面的表现形式,它是有很多种表现力的。所以,应该更多地唤醒古典艺术文化和当代艺术的结合,这是最为重要的。

◎ 《小时代》系列是市场和艺术的完美结合

谭峰: 2014年您拍了自己的电影,参加了选秀节目,在各个星光熠熠的舞台上亮相,最让您难忘的一次"文化之旅"是什么?在这次"旅行"中,您有哪些收获和失落?

郭敬明: 失落的感觉暂时还没有,基本都是在工作中寻求到了一种亢奋的状态。我自己的性格就是一旦工作起来,就会全力以赴,所以不会有太多的失落。对我自己而言,难忘的"文化之旅"应该是《小时代3》的上映,因为在《小时代1》和《小时代2》的市场表现和票房受到大家极大关注的情况下,《小时代》的故事情节要重新起步,这对我的考验是比较大的。我力图去兼顾它的市场,兼顾它的艺术生命力,兼顾它所表达的正能量的东西,这些对我都会变成一种新的考验。不管是导演能力,还是事业、格局,都要求我比两年前的自己更加成熟,因为两年前我才29岁,现在31岁了,已进入新的人生状态,我再看以前的东西都会发现有很多不足,希望在新的作品里有所提高,完成得更好。所以,《小时代3》上映那

几天,对我来说,是比较紧张的:既紧张,又刺激,同时又是很高强度的、很期待的一种状态。整个电影上映的阶段,对我来说都非常难忘。目前,《小时代4》已经拍完了,这个阶段就已经结束了,不会再继续拍下去了,因为一个故事还是需要有一定的完整性。

(作品发表于《人民论坛》,2015年4月上)

从"加法"到"减法",勇于做自己
——杨澜现场采访手记

"大家好!我在人民日报社人民论坛'海归中国梦年度盛典'现场向大家问好,鸡年马上要到来了,在这里祝大家身体健康,合家大吉!"

一款黑色的职业装,再加上利落的短发,杨澜女士步履款款地向记者席走来,第一时间在现场送上了她的祝福。

阳光、自然、职业、知性,这些标签仿佛一直是杨澜身上挥之不去的印记。今天,这位叱咤风云的知名媒体人,要开始接受包括人民论坛在内的各家媒体的采访,在你问我答之中,杨澜始终谈笑风生,言谈举止之间挥洒出了她与众不同的魅力。

◎ 杨澜为何那么"火"

采访现场,来自国内的各个主流媒体把VIP采访席的各个角落挤得水泄不通,闪烁不停的摄像机灯光、一浪高过一浪的记者发问、现场工作人员为维持秩序而紧皱的眉头,共同见证着这位"媒体红人"的火爆人气。一位某电视台的记者在会场间歇和我聊天说,他

就是想知道,为何一个从业20余年的"职场老人"却持久地绽放着"压倒性"的光芒,一直上演着令人惊叹的传奇故事。

从一个知名电视主持人到公司领导,杨澜这一路可谓顺风顺水。杨澜说,曾经的她是在不停地做"加法",而现在的自己则要开始做"减法"。然而,做"减法",并非什么都不做,而是在自己拼搏过后,波澜归于平淡之时,给自己一个安静的空间来积淀。回望青涩年华中的自己摸爬滚打时的趣味、欢愉抑或是失落、彷徨,细想在一路走来的旅程中,哪个自我才更贴合曾经的初心,这是比争名逐利更需正视的一个人生命题。

她总是给人游刃有余的理由,是因为,她会在光鲜亮丽的聚光灯下找寻那个缺失的却被需要的自己,她会在光亮之中看到阴影,在欢呼雀跃之中听到孤独的呐喊。她在采访中表示,如果以后有机会,说不定还会去读个博士,充充电。2016年,杨澜又出版了一本书叫《世界很大幸好有你》。她说,过去20多年一直往外跑,这个世界很大,总想要去看看;而人到中年,她发现回看也是一种精彩。往回看,往自己身边看,会惊奇地发现,真正决定幸福感的人其实一直在身边。要么轰轰烈烈地大跨步前行,要么踏踏实实地静养心灵,时走时停,乐于品味不一样的人生,这或许就是杨澜强大"气场"的基本逻辑。

◎ 媒体人的职责

杨澜始终认为,从主持人到公司领导再到公益人物,不管自己的身份如何变化,媒体人讲述中国故事、传播中国声音、搭建中西方文化交流桥梁的使命是不会变的。在采访中,杨澜表示,她和她的团队在2016年已走过50个国家,采访了超过80位建树颇丰的科学家,记录了人工智能。这一即将在春节之后播出的纪录片分为中英

文两个版本，旨在扩大中国声音在海外的传播效应。2017年，她希望制作中国"匠心"系列的纪录片，把大国工匠精神，以及中国文化中的精髓设计、艺术、技能向全球展示。她说，讲好中国故事、人类故事，增进中西方之间的文化交流，是媒体人义不容辞的责任。

近年来，那个"风光无限"的杨澜似乎从荧屏中逐渐"消失"，转而继续踏实地推进她的传播事业。在海外美好的求学阅历、在媒体界丰富的从业经历，让她在传播中国声音、传递正能量方面如虎添翼。但先前的优势并没有让她陷入妄自尊大的怪圈中，也没有养成"好逸恶劳"的投机心态，她的内心仿佛充满着无尽的"小宇宙"，在这一场域中永远有用不完的好奇和激情。对世界的好奇，让她开始学会用国际的视野看待和描述中国的故事；对生活的激情，让她勇于"忘掉"一个个已经取得的成绩，尝试用其他更为有趣的视角构筑多元的叙事逻辑、碰撞激情的思想火花。一个人的成功固然是不可复制的，但成功的人总有"重叠的品质"。在一个人的生命中，不管年龄、容貌、身份、状态或者其他什么东西，随着岁月的流逝而发生了怎样的变化，只要保留那份最为简单的好奇、最为单纯的初心，并大胆地在激情的岁月中找寻容易被遗失的情怀，那么我们都做了回生活的主人，都是成功者。

◎ 留学，给我们带来了什么

在此次"海归中国梦年度盛典"中，留学、人才等问题自然成为大家热议的内容。但其中有个问题是各家媒体共同关心的：留学，究竟给中国年轻人带来了什么？杨澜给出了她的答案。

当被问及"当前的时代给海归创造了什么机遇，海归又该如何去回馈这样一个时代"时，杨澜的回答有点超乎我的想象。我以为她会说，当今时代给海归提供了更为广阔的天空、更为多元的资

讯、更为高远的视界，因为这确实是这个时代赋予每个"新海龟"最为宝贵的财富。可是，杨澜回答道："我觉得没有一个人的命运是完全脱离一个时代的，其实这个时代从某种程度上定义了我们的身份和我们能够创造的空间。"她表示，纵观留学生涯，她非常感谢给予她奖学金的企业和个人，这让她可以不用去餐厅打工，可以有精力学习。短短的一句话，让我更加接近了一个真实的杨澜。

她的声音何尝不是众多"海龟"内心的呼唤。有时候，我们总是在意天空有多广阔，却无意中忽视了成全我们放纵飞翔的翅膀。不管时代如何变化，也不管我们"飞"到世界的哪个角落，我们都应该怀着一颗感恩之心，牢记培育我们成长的伟大时代。留学的过程也许是精彩的、彷徨的、沮丧的、寂寞的，但首先，它应该是充满感激的，是满怀欣慰的，是充满暖暖温情的。留学不是一个人在战斗，留学有你，留学有我。在这种浓浓的情感之中，我们带着祖国的召唤，怀着父母的期望，携着朋友的鼓励，在异国他乡，挥洒梦想、奋力前行，这才是留学生心中所应藏有的时代理想和人生抱负。

留学生涯不仅给杨澜提供了一扇了解世界的窗户，也让她学会勇于活出自己的模样。杨澜坦率地面对镜头说道："我1994年辞去了中央电视台的工作，毅然选择留学。在签证还没有拿到之前，我要把所有的身份都放弃掉。与在中央电视台做一名'名人'相比，我的留学生涯充满各种不确定，像是一次冒险。我记得，当时的签证能否拿到还是一个未知数，如果签证没有拿到，档案如何处理，也充满变数。当时很多人都觉得我太任性了，甚至有人极力反对我留学的决定。我在那时也是有点害怕，但是总觉得如果一个人在年轻的时候没有一点勇气的话，如果总是循规蹈矩的话，这就不是青春了。"

这个回答给我的启示，倒不是"人不青春枉少年"，而是"人

无气魄枉人生"。其实，对于大多数留学生而言，留学本身就是一种不确定，这种不确定有时会转化为毫无理性的大冒险。但这种不确定，在无形之中构成一个人成长历程中的巨大财富，因为它不仅让留学成为"看世界"的必经通道，也使留学中的人们开始反思安逸的生活不会想当然地等于生活的安逸，从而开始摆脱人性中残留的怯懦，去勇敢地发掘心灵深处隐藏的勇气。勇气的驱动，使漫漫留学路不再落寞，使自己的心智得以历练，也让留学经历演化为一种财富；在气魄的肆意蔓延中，疏落慵懒的留学生活蜕变为一种"拓荒"的胆魄，人们开始学会在荒芜中拥有充实，在冒险中寻求安定。青春岁月，不仅在于肆意地消费，还在乎大胆地想象、勇敢地承受。留学如此，而生活原本的光芒，何尝不需要无数个"勇敢的心"来被激活、被放大。

采访结束，杨澜被前呼后拥的人群包围着，被一个个摄像机的灯光笼罩着，被众多媒体同人的身影护送着，有关她的采访还会继续，如同有关她的传奇还会上演。但我不觉得她永远属于聚光灯，她属于自己。

（作品发表于人民论坛网，2017年1月10日）

我有梦想，所以我存在
——专访国足前锋于大宝

【记者手记】

2017年3月23日，中国对韩国的比赛结果被锁定在1∶0，电视机前的我看到当时的进球者——于大宝，双手交叉呈"V"置于胸前，庆祝一个似乎连他都想象不到的头球,而就是这个头球成就了国足的一个传奇。有人说,于大宝是一枚"福将",在他身上上演着好多难以置信的奇迹。有人说,于大宝有审时度势的眼光,从进球到选择"老东家",他总在对的时间做对的事情。也有人说,于大宝是一位低调的阳光男孩,说他低调,是因为他几乎不怎么接受媒体的采访;说他阳光,是因为他无论是在球场还是在生活中,总能给大家带来元气满满的正能量。

无论别人怎么说,我感受到的于大宝,是热血的,也是冷静的,而且也许终究是寂寞的。4月的一个假日,我很荣幸在第一时间独家采访到于大宝——这位被称为"足球幸运儿"的阳光小伙。随意后扣的鸭舌帽、浅绿色的运动上衣、满满朋克风的牛仔裤,我意识到,坐在我对面的,与其说是一个荣誉满载的足球大亨,倒不如说是一位懂得享受生活的邻家小哥。褪去了球场上为国、为俱乐部而战的英雄铠甲,我看到了一个生活中保持安静、乐享平和的大宝。

在我用了足足一个周末才整理完对于大宝的采访之后,突然意识到这个低调的足球先生,其实内心有很多与别人不太一样的足球故事。原定30分钟左右的采访,一不小心进行了近2小时。在那个假日下午,于大宝以他自己的观察和体验,讲述了一个"足球人"从2007年到2017年所经历的跨越和蜕变,分享了他作为一名"足球人"在经历种种波澜之后的理性思考。

他在访谈中称自己很感激成长中的不如意,因为他借此认识到了自己,也突破了自己。从足球事业到个人成长,从足球精神到个人修为,于大宝用他冷静的思考,给我们带来了全然不同的体悟。他说,自己骨子里是一个安静的人,生活教给了他如何享受寂寞。也许,只有丰富的阅历才会促进一个人加速成长,只有永不言弃的信念和意志才能成就一名幸运儿,只有懂得享受生活的种种"困

境",才能有朝一日突破困境,一鸣惊人。于大宝,是一个幸运儿,话只说对了一半。我觉得,他是一个时刻怀揣梦想的幸运儿。

◎ 在球场上好的发挥,就是暂时忘掉自己,放开一搏,这也是我进球灵感的来源

谭峰: 近几天,在很多足球比赛中都能看到您的身影,从代表国足进球到代表国安效力,您一定有很多感想想谈。

于大宝: 代表国家队踢球,这是一个无路可退的任务,可想而知,压力是比较大的;而回到俱乐部就是代表北京这座城市。国安对阵申花这场比赛,在全国范围内是一场焦点之战。在赛前两轮,我们的成绩也不是非常好,这也让我们产生比较大的压力,需要一场胜利来缓解,同时,也需要一场胜利来回报教练的努力,来回馈支持我们的球迷朋友。

代表国家队赢得韩国,代表国安赢了申花,这两场比赛对我来说,都很值得纪念。当然,更让我高兴的,就是代表国家队的那场让人难以忘记的比赛。这场比赛,备受国内外足球同人和球迷的关注,这无形中给了我们更大的压力,当然也给我带来了很多惊喜。

谭峰: 我们都说艺术需要灵感,而作为一名优秀的运动员,灵感似乎同样被需要。请问,您3月23日进球那一刻的灵感是什么?是一种什么样的魔力驱使着您找到了进球的感觉?

于大宝: 其实,作为一个前锋而言,上场的职责就是进球。我的特点就是门前把握机会。很多时候,我都要出现在该进球的位置。当然,我要感谢里皮主教练,他在赛前对我也进行了很多有益的指导,这对于现场的进球大有裨益。得知自己将会在比赛中首发以后,我也是憋着一股劲,因为很久没有在国家队首发了,希望能在比赛中有所突破。在球场上,我把这种决心转化为找寻机会的动

力，把握住每场比赛的契机。

实践证明，进球对于稳定军心、调整心态、布局战略等各方面，都是很有帮助的。当1∶0的比分出来之后，我们的心态就有了些微妙的变化，变得更主动了，更放得开了。其实，中韩对抗的这场球，在前20分钟，我们并没有施展开，表现平平，主教练对我们上半场的表现也并不是很满意，他期待我们下半场精彩的表现。到了下半场，我们全身心地进行防守，很好地将这场球的战绩维持到最后，笑到了最后。

谭峰：从热血澎湃的贺龙体育场到魔鬼主场阿扎迪体育场，不同的地点，引发了您怎样的心情变化？对俄罗斯世界杯亚洲区预选赛，国足接下来的表现，您有哪些畅想？

于大宝：贺龙体育场一直被人们称为中国足球队的"福地"，每当我们在长沙比赛时，都会取得很好的成绩。长沙体育场的球迷氛围确实特别好，球迷很热情，很有凝聚力，这让我感受到一个非常不一样的主场氛围。球迷都身着红色球衣，尤其是在唱国歌的时候，让我们热血沸腾，确实能对我们的队员产生莫大的激励作用，能让我们全身心地投入比赛当中。

而伊朗这个主场，确实非常诡异。作为我们这代球员，也很想去体验一下这种魔鬼主场的氛围。包括我在内的很多球员第一次去伊朗这个国家，大家对它都有一些陌生和好奇。再加上我们40多年的时间都没有在主场赢过伊朗，所以在赛前，我们还是做了充分的思想准备：我们不会计算会赢还是会输，更不会"自暴自弃"，而是尽力缩小与他们的差距。实践证明，很多媒体对于我们的表现还是满意的。当然，满意之余还有一个"不满意"，就是在下半场刚开局的时候，那个丢球的失误。我首先想到的是，这是一个偶然的突发事件，具有一定的不可控性。但我们毕竟是一个团队，不管谁进球或者谁失误,大家都需要一起扛起这个责任。我们赛后也没有互相埋怨。整体来看,我们在全场也创造过很多进球的机会,只是在下半场出现了这么一个偶然的因素,伊朗也正好进了球。

在接下来国足的三场比赛中,我们还想有一个更好的突破。而主教练里皮又给了我们一个焕然一新的感觉,他总是和我们强调,我们并不比谁差,只要踢出自己的真实水平就是最好的表现,这在精神层面上给我们树立起强烈的信念。其实,和我们一个组的最强的两个球队,我们都已经踢完了。我们赢了韩国,和伊朗的比分差距并不大。接下来,我们在和叙利亚、乌兹别克斯坦、卡塔尔的比赛中,还是想把我们真正的水平都发挥出来,尽可能赢得更多的比赛,这就是我们的目标。

◎ 我很感激每个阶段的"困境",它们都成就了现在的自己

谭峰: 从2007年加盟葡萄牙本菲卡俱乐部,到加盟天津泰达,再到大连阿尔滨、2014年正式加盟北京国安,我们特别关心,这些年来,您身上发生了哪些改变?您成长的哪几段经历造就了现在的您?

于大宝: 从2007年到2017年,正好是10年。可以说,这10年对我的改变非常大。

在葡萄牙本菲卡俱乐部的时候,我看到了很多欧洲顶级的大牌球星,我和他们一起训练、生活,我在各方面都能得到锻炼和学习。我记得,当时刚从国内到葡萄牙的时候,我还是一个比较腼腆的大男孩,比较内向,过分低调,不喜欢在公众场合说太多话。到了葡萄牙,我发现,你越是不爱说话、不爱表现,大家也越是不注意你、淡漠你。所以,我开始学着在日常生活中和他们开玩笑,和他们谈笑风生,团队里的球员也很快接纳了我。

在葡萄牙，我感受到一种不可思议的平等，我曾经在球场上目睹一名20多岁的"毛头小伙"和一名30多岁的"资深球星"为一些足球方面的问题激烈地争执起来。刚去葡萄牙的时候，我在语言、生活习惯、思维等方面，都存在着这样或那样的不适应。刚去葡萄牙的时候，对我最大的打击，还是来自国外看我们中国足球的质疑态度，但如果你真的表现好的话，大家还是会对你投来赞赏的眼光、传达热情的问候。在国外三到四年的时间内，我调整得还是比较快的，很快融入球队中，我经历了从"被认识"到"被认可"的跨度。

谭峰： 2010年，从国外回到国内，对于您个人来说，是否有一些不适应？如何看待这种"不适应"？

于大宝： 从国外到国内，这个跨越对当时的我来说，有一些艰难和无奈。在国外集训时所受的伤逐渐磨平了我最初的锐气，开始接受现实的难题。我回国的时候才22岁，但我当时觉得自己快到28岁、29岁的样子，那时我对足球的理解、我为人处世的方式都有了一个很大的提升。

在这里要感谢我的父母，是他们为我的转变带来了一些宝贵的建议。我当时在国外受伤，都要一个人扛着，面对大大小小的困难，也可以说是"孤立无援"。再加上自己在那个时候也没有取得很有亮点的成绩，逐渐消失在人们的视线中。而在2009年、2010年这两年，和我同龄的人，有的都已经进入国家队了。

我当时并没有回国的打算，但我父亲给了我一个建议——不妨回国重新调整自己，寻求发展的机会。偶然中，通过一个队员的介绍，我获得加盟天津泰达俱乐部的机会。在和我父亲商量之后，我选择了天津，选择回国发展。幸运的是，在踢了8轮之后，天津泰达赢了，这也是我第一场比赛。可以说，2010年天津泰达的第一场胜利，成为我日后"一发不可收"的标志性事件。

基于在天津泰达良好的表现以及舆论强烈的呼声，我于2010年进入了国家队。2011年，我在亚冠赛场上，在和韩国的比赛中，我打破了"逢韩必输"的"恐韩症"的魔咒，再一次证明了自己。这一次的胜利，让我在全国范围内被大家所认识，我在国家队的生涯也正式开启了。

当2010年我代表天津和国安踢比赛的时候，我感受到国安的气场实在是太强大了。当时的"京津德比"是非常火爆的，有5万多球迷在看我们的比赛，这对我来说非常亢奋，仿佛找到了真实的自己。2015年，我也正式加入国安，这对我来说又是一个新的阶段。北京，确实是一座非常不一样的城市，它所提供的平台，在全国来说，应该是第一名的。凭借这个平台，我能获得一个比"身价"更为重要的视野。当然，虽然国安是一个很好的平台，但在北京也并不好待，如果踢不好的话，确实很难一直待下去。在国安踢球的时候，刚开始我也是从替补做起，但我是踢比赛最多的球员，也获得了很好的成长。国安方面认为，2015年，我是年度内援引进最成功的队员。这些表现让主教练、队员对我越来越认可。当然，有成就，也有遗憾。2015年，我最大的遗憾，就是代表国家队和香港的比赛。虽然结果是打平了，而且有运气不好的成分，但我对自己的表现很不满意，之后我反省了很久，当然这也是我成长的"必经一课"。

◎ 中国的足球事业，需要几代人踏踏实实地努力和传承，而不是急功近利地"一口吃个大胖子"

谭峰：对于国足，似乎每个人都有一箩筐的话要说。那么，作为一个国足的"当事人"，您觉得，我们国足在这些年的发展进程

中,遇到的困难是什么?对此,您有哪些体会或者是建议?

于大宝: 从现在来看,中国足球确实处于一个较低的水平,我们从身体素质、体能等方面没有匹敌亚洲的高水平,也没有达到世界顶级的水平。从体制上来说,中国足球刚刚开始足改,从职业球员职业规划发展到俱乐部运营,再到协会管理体系,我们都需要往更专业的方向努力。结合我之前在欧洲的经历,中国确实在机制的运作和布局方面有很长的路要走。

但是,我们必须承认,中国足球一直在进步。就从眼前来说吧,中国上到足协,下到各地足球组织,都从各方面来探寻解决中国足球问题的路径。尤其是近年来,我国的足球产业实现了长足的发展,在很多方面都有了突破和进步。中国的足球事业,需要几代人踏踏实实地努力和传承,而不是急功近利地"一口吃个大胖子"。

比如,我们应该从现在开始打造一个较为长远的足球规划。"走出去,引进来",从各方面来提升我国足球事业的专业化发展。在这里我想强调的是,足球的专业化最主要的就是表现在要让专业的人干专业的事。未来中国足球产业要朝着越来越职业化的方向来筹谋和战略布局。

谭峰: 不管足球如何发展,它都需要后继有人。但纵观中国的高校,踢球的比例似乎不及其他运动,也低于国外的正常水平。请结合您踢球的经历,说说足球在中国怎么了?是时代变了,还是人们的心态变了,还是别的什么?在这样一个浮躁的时代,足球能够给我们的生活带来什么?

于大宝: 其实,现在的足球队伍已经很壮大了,我们现在需要改变的是,要有更多高质量的球场,我们需要有更多专业的人员加入足球这项运动中来。在国外,你只要沿着路开车开个10分钟或

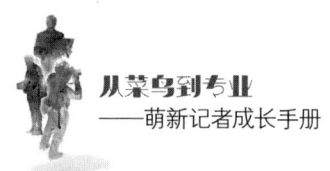

20分钟，就能看到一个设备很完善的球场，这里有良好的草坪，有专业的俱乐部，营造着非常棒的足球氛围。而中国现在似乎更在意一些商业开发，我们和国外在这方面确实还有一些差距。但幸运的是，这一切都有了改观。据我观察，现在中国越来越多学校里面的球场都改造得很好，还有一些专业的足球老师进行专业的指导。

另外，培养孩子们踢球的兴趣也是非常重要的。比如，在西方国家，很多小孩从生下来，父母就有意识地发掘孩子踢球的"基因"，从而更好地从兴趣的角度来培养他们对足球的"好感"。在国外的时候，我就发现很多小孩通过踢球来放松自己。我小时候，我父亲喜欢踢球，他就一直带着我踢球，我在这个过程中感受到了足球的魅力，爱上了足球。当然，作为足球运动员，我也应该发挥自己的力量，让越来越多的中国青年一代喜欢足球，激发他们顽强拼搏的足球精神。记得有一次，我参加了一个由福特赞助的公益活动，选拔出中国踢球最好的孩子，并让他们有机会去欧洲体验顶级训练。当看到他们的时候，我想到了曾经的自己。我对他们说："我小时候，穿着胶鞋在土地上踢球。而你们现在的条件如此优越，又可以出国踢球，就更应该奋力拼搏、奋发有为。"在这个过程中，我把正能量传递给了他们，也得到他们积极的反馈。

足球是一项全球性的运动，它把技术和艺术完美地结合在一起，有些时候在一场球赛之后，我会亢奋到凌晨2点才睡觉，它确实有着无法解释的魔力。同时，足球这项运动也可以激励下一代。一场精彩的球赛，可以起到凝聚人心、团结民众的作用。

◎ 真正优秀的足球运动员，一个好的体魄固然重要，但一个清醒的头脑更为难得

谭峰：“足球是圆的，什么都可能发生”这是足球界的一句名

言。在里皮执教国足之后，这句话显得更有魔力。那么，您觉得，中国足球未来——无论是足球思维、足球体制、人们对足球的心态等方方面面，会有哪些蜕变？

于大宝：中国足球需要大家一起去努力，包括小朋友。只要每个足球人怀揣梦想和目标，努力奋斗，中国足球的未来一定是光明的。但这个过程一定是循序渐进的，不能一蹴而就。中国队从40强进入世界杯小组赛12强，要承认进步，但也应承认不足，我们前进的步伐不能停止。

在承认成绩的同时，我还要耐着性子，把专业的思维注入足球这场有魔力的运动项目中。我们这代足球人，应该做好自己，尽力为下一代人做一个榜样，激励他们成长。就足球而言，我认为真正优秀的足球运动员，一个好的体魄、后天的努力固然重要，但一个清醒的头脑更为难得。很多时候，在足球现场，一瞬间的创造力、应变力、对球的判断，或者是一种灵感，对最终制胜可谓至关重要。"要踢好球，首先要上好学"，这是并行不悖的。比如，我小时候有一定的英语基础，这为我以后出国深入地交流奠定了很深厚的基础。

◎ 完善自己的内功，尽力踢好每一场球，做到无愧我心

谭峰：有人说，过去的中国虽然经济不如现在发达，但那时候的队员比较热血，可以"撸起袖子"大干一场；现在，虽然物质丰盈、国门打开，球员有很多发展的机会和可能，但"意志品质"似乎欠了些火候。请问，这种观点是误解，还是真实的存在？和"老国足"相比，现在"新国足"的特质和优势是什么？需要向前辈汲取和继承的"国足精神"又是什么？

于大宝：可能是因为信息化发展，原来国足的宣传没有那

多，一门心思地踢球就是他们日常的生活。而现在，正如大家知道的，我们这一代国足受镁光灯追捧的频率也越来越高，可以说，一举一动都被大家密切关注着，甚至包括一些球员的"八卦新闻"也被媒体紧密跟踪。但是，大家关心更多的是球员的私生活，而不是足球本身。无论是"老国足"还是"新国足"，我们最本质的使命始终没有变，那就是完善自己的内功，为自己的目标去努力，尽力踢好每一场球，做到无愧我心。

我倒觉得，大家应该更多地关注每个球员在实现自己一个个"小目标"的时候，所付出的努力、所拼搏的过程、所传达出来的正能量。我记得小时候，我在日记本上写道："国奥、国青、国足、世界杯，我每一个目标都想实现。"现在看来，能把儿时的梦想一步步都达到，就是一种成就感，就是一种幸福。当然，作为职业球员，通过踢球来养家糊口，也是无可非议的，但是，足球的梦想也是时刻伴随着我们的。而且，随着我们一点点成长，对足球的责任感也与日俱增，这是一个足球人最大的激情、最大的情怀。

就"新国足"而言，不断强大的凝聚力，承认不足愿意改变，是我们展现出来的特质和风采。在这个过程中，教练的决策力、球员的协作力、国家队全体工作人员的执行力，都让我感受到新一代足球人非常棒的合作精神。我理解的国足精神，其实很简单，就是用我们的表现传递正能量，感染喜欢踢球的年轻人，激励下一代。比如，我在进球的时刻，习惯做一个手势，就是双手交叉出"V"字的姿势。之后，我发现很多人都喜欢用这个手势来表示胜利、喜悦、成就的心情，这就是一种传递、一种分享。

◎ **采访花絮**

谭峰：我身边的朋友都觉得您是一个很阳光、很洒脱的足球明星，也有一些朋友觉得您很沉稳、低调。所以，想知道，生活中的您，真实的底色是什么样的？

于大宝：我的现实生活是安静的。我不喝酒，不抽烟，不泡吧，也不喜欢玩电脑游戏。我喜欢在繁忙的球赛间隙，安静地待着，享受一个人独处的感觉。我喜欢在家里宅着，收拾收拾家，听听音乐，看看书，看看电影。如果时间允许，我也喜欢旅游，但我不喜欢去人特别多的"旅游胜地"，而是选择人少且有特色的城市放空自己、放松自己。这种生活习惯可能是由于长期旅居国外，这也挺好，让我更加独立。生活虽然有点单调，但有了家庭后，也许会有所改善。我也有很多来自不同行业的好朋友，我喜欢和他们聊天，听听他们的故事，汲取人生宝贵经验。

足球运动员还是蛮辛苦的，风雨无阻的训练，全国各地打比赛，甚至国内国外连续赛程安排，似乎每天都在完成一个个不可完成的任务。我父亲经常和我说："既然你选择了足球，就应该为你的选择负责。无论发生什么，你要想怎么克服困难，而不是想着如何放弃。"有时候，我在一些比赛中表现平平，就遭到一些媒体的质疑，但我会更正常地面对。我觉得，回击这种质疑最好的方式，就是良好的心态、更强有力的表现。而且，我发现，在这个过程中，我的抗压能力有了很大的提高，心智也更成熟了。

（作品发表于人民论坛网，2017年4月17日）

历时一年多的出版时限,我人生中的第一本新书即将和读者们见面了,这本由人民日报出版社精心打造的作品,记录了一个传媒人的奋斗故事,也见证了一个信息社会一日千里的飞速发展。

新书发布,对我来说是一条"惊天"新闻,值得珍藏和纪念。其实,任何一条简洁的新闻背后都凝结着很多不为人知的故事。对这些故事记录的过程,就是一个不断批判和反思的过程,也是我从"萌新"到"成熟"跨越的历程。

然而,生命中的成长有时候不是一个历程,而是一个节点。当一个人置身在某些特定的场景之中时,触景生情,睹物思人,一下子就生发了顿悟,曾经云里雾里的迷失之心,如此清晰地找到了它的方向。

有一年夏天,我去温哥华交流学习。我们所在的大学没有围墙,一望无际,每一个方向都充满着无限的可能。我们一群小伙伴一时兴起,准备对这座异域之城一探究竟。走到一个岔道口,我们发现左边路径去往一个海滩,右边则是通向一个购物中心。

令我始料未及的是,所有同行的朋友都不约而同地选择往右拐,他们似乎都想触摸心目中大都市的天际线。唯有我,对都市的时尚和品位显得没有太多浓厚的兴趣,决定一意孤行。

我沿着连接海滩的小径一路向前,形单影只,却异常新鲜。大片的草坪绿意盎然,一幢幢别墅形态各异。松鼠随处可见,一点不怕生人。夏日傍晚的余晖斜斜地投射到这方土地上,静谧而悠闲。

但走到一半时,分岔口开始多了起来,究竟哪条路可通向海滩?我迷失了方向。就在我茫然之时,一位典型的"欧美范"老人从我后面赶超而来。他看上去有把年岁,精神矍铄,目光坚定。

我找到了一个大救星。"您好,打扰一下,请问金沙海滩怎么走?"

他和善地看了我一眼:"我也正好去那个方向,我边走边指给你吧。"

就这样,我们开启了一路的英文聊天模式。他问我从哪个国家来,对加拿大有什么感觉。我对他说,加拿大的空气很清新,环境很宜人,要前往的海滩也一定很美。

在交谈中,我得知这位老者是刚退休的国会议员,他在任时去过亚洲,也拥有和我一样走到异国他乡不知所往的经历,但他满脸春风地强调,这种异域孤身之旅竟是一段美好而独特的体验。

"遇到困难,很正常,不要过分担心。你要坚信,总会有人出面帮你。生活中总有那么一个瞬间是专属于你的。"海滩快到了,我和这位老者道别,他留给我一个乐观的背影。

若干年后,这一幕始终被我铭记。不仅是因为此情此景无可复制,还因为它让我明白成长的蜕变有时可以是瞬息之间完成的,甚至在我们没有任何准备的情况下,成长的时刻悄然降临,一切均已发生。

出书也是一个道理。一部部浩如烟海的作品存立于世,也许会令人惊叹不已,但作者的感悟和想法有时只闪现于短暂一刻,作品所立足的思想土壤也只是源于一个再简单寻常不过的念头。我们要做的,便是不浪费这一难得的瞬间,将它记录下来,珍藏起来,许

久之后拿来一看，定会发现很多别有风趣的成长印记。成长不仅需要感受，更需要记录。

成长很多时候不是一人之事，它需要很多人的见证和鼓励。在此，我感谢我的家人，他们总是默默地给我无微不至的爱与关怀，这本书献给他们。感谢人民日报出版社，给我这样的媒体人一个宝贵的平台。感谢林薇主任，为本书的总体框架出谋划策。感谢陈佳编辑，她是这本书的"总编辑"，含辛茹苦，事必躬亲。感谢陈斌惠先生，在与出版社签订合同事宜方面，给了我很多有益的指导和帮助。感谢朱业强先生、廖宏欢女士，在这本书的创作中给了我很多建设性的建议。感谢人民论坛杂志社的领导和同事，让我严格要求自己，在成功的路上一往无前。

当然，在此我还要诚挚地感谢复旦大学新闻学院执行院长张涛甫老师，很荣幸刚踏入记者生涯便结识张教授，他对我亦师亦友，循循善诱。张教授能为我的新书作序，受宠若惊，感激不尽，今后我当继续奋力。感谢央视主持人王冠先生在创作过程中一直鼓励我，这样的青年才俊是我学习的榜样。

我的处女秀就要和读者们见面了，亢奋激动，又诚惶诚恐。新书创作和发表对我而言既是终点，更是起点。整装待发，砥砺前行，我会时刻把自己视为一名"萌新"，戒骄戒躁，虚心学习。生活之美，要感受，也要记录，我期待未来能和读者共同见证一个个美好的瞬间。

2019年8月

谭峰